3/19 4,-

Voltaire

CANDIDE
oder der Optimismus

Aus dem Französischen übersetzt
und herausgegeben von
Wolfgang Tschöke

Carl Hanser Verlag

ISBN 3-446-20151-3
Alle Rechte vorbehalten
2002 Carl Hanser Verlag München Wien
Gesamtherstellung: Kösel, Kempten
Printed in Germany

CANDIDE
oder der Optimismus

Aus dem Deutschen übertragen von Herrn Doktor Ralph. Samt den Zusätzen, die sich in der Tasche des Doktors fanden, als er zu Minden im Jahre des Heils 1759 verstarb.[1]

Erstes Kapitel · *Wie Candide in einem schönen Schloß aufgezogen und wie er aus selbigem weggejagt wurde*	9
Zweites Kapitel · *Wie es Candide unter den Bulgaren erging*	12
Drittes Kapitel · *Wie Candide den Bulgaren entfloh und was aus ihm wurde*	14
Viertes Kapitel · *Wie Candide seinen ehemaligen Philosophielehrer, den Doktor Pangloß, wiedertraf und was daraus wurde*	17
Fünftes Kapitel · *Sturm, Schiffbruch, Erdbeben und was weiter aus dem Doktor Pangloß, Candide und dem Wiedertäufer Jakob wurde*	21
Sechstes Kapitel · *Wie man ein schönes Autodafé veranstaltete, um die Erdbeben zu verhindern, und wie Candide verdroschen wurde*	25
Siebtes Kapitel · *Wie eine Alte für Candide Sorge trug und wie er dann wiederfand, was er liebte*	26
Achtes Kapitel · *Kunigundes Geschichte*	29
Neuntes Kapitel · *Was sich mit Kunigunde, Candide, dem Großinquisitor und einem Juden zutrug*	32

Zehntes Kapitel · *In welchen Nöten Candide, Kunigunde und die Alte in Cadix anlangen und sich einschiffen*   34

Elftes Kapitel · *Geschichte der Alten*   37

Zwölftes Kapitel · *Fortsetzung der Geschichte vom Unheil der Alten*   41

Dreizehntes Kapitel · *Wie Candide genötigt wurde, sich von der schönen Kunigunde und der Alten zu trennen*   45

Vierzehntes Kapitel · *Wie Candide und Cacambo bei den Jesuiten von Paraguay aufgenommen wurden*   48

Fünfzehntes Kapitel · *Wie Candide den Bruder seiner teuren Kunigunde tötete*   52

Sechzehntes Kapitel · *Was den beiden Reisenden mit zwei Mädchen, zwei Affen und den Wilden widerfuhr, die Henkelohren heißen*   55

Siebzehntes Kapitel · *Ankunft Candides und seines Dieners im Lande Eldorado, und was sie dort sahen*   59

Achtzehntes Kapitel · *Was sie im Lande Eldorado sahen*   63

Neunzehntes Kapitel · *Was ihnen in Surinam widerfuhr und wie Candide mit Martin Bekanntschaft schloß*   70

Zwanzigstes Kapitel · *Was Candide und Martin auf See widerfuhr*   76

Einundzwanzigstes Kapitel · *Candide und Martin nähern sich der Küste Frankreichs und führen Gespräche*   79

Zweiundzwanzigstes Kapitel · *Was Candide und Martin in Frankreich widerfuhr*   81

Dreiundzwanzigstes Kapitel · *Candide und Martin fahren zur englischen Küste; was sie dort sehen*   94

Vierundzwanzigstes Kapitel · *Von Maßliebchen und dem Bruder Goldlack*   95

Fünfundzwanzigstes Kapitel · *Besuch bei dem Herrn Pococurante, einem venezianischen Edelmann*   101

Sechsundzwanzigstes Kapitel · *Von einem Abendessen, das Candide und Martin mit sechs Fremden einnahmen, und wer diese waren*   108

Siebenundzwanzigstes Kapitel · *Reise Candides nach Konstantinopel*   112

Achtundzwanzigstes Kapitel · *Was Candide, Kunigunde, Pangloß, Martin usw. widerfuhr*   116

Neunundzwanzigstes Kapitel · *Wie Candide Kunigunde und die Alte wiederfand*   119

Dreißigstes Kapitel · *Schluß*   121

Anmerkungen   129

Nachwort   139

ERSTES KAPITEL

Wie Candide in einem schönen Schloß aufgezogen und wie er aus selbigem weggejagt wurde

Es gab in Westfalen[2] auf dem Schloß des Herrn Baron von Thunder-ten-tronckh einen jungen Menschen, den die Natur mit dem sanftesten Gemüt versehen hatte. Seine Züge offenbarten sein Wesen. Zu seinem recht geraden Verstand kam der allerargloseste Sinn, und deswegen, glaube ich, wurde er Candide genannt. Das ältere Hausgesinde mutmaßte, er sei der Sohn der Schwester des Herrn Baron mit einem braven und ehrbaren Junker aus der Nachbarschaft, den jenes Fräulein nie heiraten mochte, weil er nur einundsiebzig Ahnen hatte vorweisen können und der Rest seines Stammbaums durch die Unbill der Zeitläufte verlorengegangen war.[3]

Der Herr Baron war einer der mächtigsten Herren in Westfalen, denn sein Schloß besaß Fenster und eine Tür. Den Großen Saal schmückte gar ein Wandbehang. Die Hofhunde stellten bei Bedarf eine Jagdkoppel, die Stallknechte waren seine Piköre, der Dorfkaplan sein Großalmosenier. Sie nannten ihn alle »Durchlaucht« und lachten, wenn er etwas zum besten gab.

Die Frau Baronin wog vielleicht dreihundertfünfzig Pfund, wodurch sie zu ungemeinem Ansehen gelangte, und wußte die Honneurs des Hauses mit einer Würde zu machen, die ihr noch mehr Respektabilität verlieh. Ihre Tochter Kunigunde,[4] siebzehn Jahre alt, war rotbackig, frisch, drall und appetitlich. Der Sohn des Barons schien in allem seines Vaters würdig. Der Hofmeister Pangloß war das Hausorakel, und der kleine Candide lauschte seinem

Unterricht mit all der Zutraulichkeit seines Alters und seines Wesens.

Pangloß lehrte die Metaphysico-theologico-kosmolonarrologie.⁵ Er bewies meisterhaft, daß keine Wirkung ohne Ursache sei und daß in dieser besten aller möglichen Welten des durchlauchtigen Herrn Schloß das schönste aller Schlösser und die Gnädige Frau die beste aller möglichen Baroninnen sei.

»Erwiesen ist«, sagte er, »daß die Dinge gar nicht anders sein können; indem nämlich alles zu einem Ende gemacht ist, so ist alles notwendig zum besten Ende gemacht. Merkt wohl auf, die Nasen sind gemacht, Brillen zu tragen, so tragen wir denn Brillen. Die Beine sind augenscheinlich dazu eingerichtet, bekleidet zu werden, folglich tragen wir Beinkleider. Die Steine sind da, behauen zu werden, damit Schlösser mit ihnen gebaut werden, daher der Gnädige Herr ein so schönes Schloß hat. Der vornehmste Baron der Provinz muß auch zum besten wohnen, und weil nun einmal die Schweine zum Essen gemacht sind, essen wir Schweinefleisch das ganze Jahr hindurch. Mithin haben jene, die behauptet haben, alles sei zum Guten,⁶ eine Albernheit vorgebracht, es mußte heißen, alles sei zum Besten.«

Candide lauschte aufmerksam und glaubte in seiner Unschuld alles, weil er Fräulein Kunigunde über die Maßen schön fand, obgleich er sich niemals die Kühnheit zumaß, es ihr zu sagen. Er kam zu dem Schluß, nächst dem Glück, geborener Baron von Thunder-ten-tronckh zu sein, wäre die zweite Stufe des Glücks, Fräulein Kunigunde zu sein, die dritte, sie alle Tage zu sehen, und die vierte, Meister Pangloß zuzuhören, dem größten Philosophen der Provinz und folglich der ganzen Welt.

Eines Tages sah Fräulein Kunigunde beim Spazierengehen unweit des Schlosses in einem kleinen Gehölz, das man *Park* hieß, zwischen Gesträuch hindurch, den Doktor Pangloß, wie er der Kammerjungfer ihrer Mutter, einer sehr hübschen und äußerst gelehrigen kleinen Brünetten, eine Lektion in Experimentalphysik[7] erteilte. Da Fräulein Kunigunde ungemeine Neigungen für die Wissenschaften besaß, gab sie ohne den leisesten Mucks genau acht auf die wiederholten Versuche, denen sie beiwohnte. Sie sah deutlich des Doktors zureichenden Grund, die Wirkungen und die Ursachen, und kehrte von da ganz aufgeregt zurück, ganz in Gedanken verloren, ganz von dem Wunsch beseelt, auch gelehrt zu sein, bedenkend, daß sie sehr wohl der zureichende Grund des jungen Candide sein könnte, so wie er der ihre.

Sie traf Candide auf dem Rückweg ins Schloß und errötete; Candide errötete auch, sie begrüßte ihn mit stockender Stimme, und Candide sprach zu ihr, ohne zu wissen, was er sagte. Anderntags, nach dem Mittagsmahl, fanden sich nach Aufhebung der Tafel Kunigunde und Candide hinter einem Wandschirm; Kunigunde ließ ihr Tüchlein fallen, Candide hob es auf, sie ergriff in aller Unschuld seine Hand, in aller Unschuld küßte der Junge die Hand des Fräuleins mit einer Aufwallung, einer Empfindsamkeit und Anmut ganz eigener Art. Die Lippen trafen sich, die Blicke fingen Feuer, die Knie wankten und ihre Hände verirrten sich. Der Herr Baron von Thunder-ten-tronckh kam just da an dem Wandschirm vorbei, und da er diese Ursache und jene Wirkung gewahrte, jagte er Candide mit kräftigen Tritten in den Hintern aus dem Schloß, Kunigunde fiel in Ohnmacht, wurde von der Frau Baronin maulschelliert, als sie wieder zu sich kam, und jedermann war bestürzt im schönsten und gefälligsten aller möglichen Schlösser.

ZWEITES KAPITEL

Wie es Candide unter den Bulgaren erging

Vertrieben aus dem irdischen Paradies wanderte Candide lange umher, ohne zu wissen wohin. Weinend hob er die Augen gen Himmel, wandte sie häufig zum schönsten aller Schlösser, das die schönste der Baronessen barg; ohne Abendbrot legte er sich auf freiem Felde in einer Furche zum Schlafen nieder, und der Schnee fiel in dicken Flokken. Vor Kälte starr, schleppte er sich andernmorgens zur nahen Stadt Waldberghoff-trarbk-dikdorff, ohne einen Pfennig in der Tasche und halbtot vor Hunger und Mattigkeit. Betrübt blieb er an der Tür einer Schenke stehen. Zwei Männer im blauen Rock[8] gewahrten ihn: »Kamerad«, sagte der eine, »da ist ja einmal ein wohlgewachsener, junger Mensch, und das erforderliche Maß hat er auch.« Sie traten an Candide heran und baten ihn höflich zu Tisch. »Meine Herren«, erwiderte ihnen Candide mit reizender Bescheidenheit, »Ihr erweist mir große Ehre, aber ich vermag nicht meine Zeche zu zahlen.« – »Aber, aber, werter Herr«, sagte darauf einer der Blauröcke, »Leute Eures Aussehens und Verdienstes haben nie nötig zu zahlen: meßt Ihr nicht fünf Fuß und sechs Zoll?« – »Ja, Ihr Herren, das ist meine Größe«, sagte er mit einem Bückling. – »Ah, mein Herr, so setzt Euch doch zu Tisch, wir werden Euch nicht nur freihalten, sondern auch nie und nimmer zugeben, daß ein Mann wie Ihr Geldes ermangele, sind die Menschen doch dazu geschaffen, einander beizustehen.« – »Da habt Ihr recht«, sagte Candide, »solches hat mir Herr Pangloß auch immer gesagt, und ich sehe wohl, daß alles zum besten bestellt ist.« Man ersucht ihn, ein paar Taler anzunehmen, er nimmt sie, will einen Schuldschein ausschreiben, man gibt es nicht zu, man setzt sich zu Tisch: »Liebt Ihr nicht recht innig…? – »O ja«, gibt er zurück, »ich liebe inniglich Fräulein Kunigunde.« – »Nicht doch!« sagt einer der Herren, »wir meinen, ob Ihr nicht recht innig den König der Bulgaren[9] liebt.« – »Ganz und gar nicht, habe ich ihn doch nie gesehen.« – »Wie! Wo er doch der liebenswerteste aller Könige ist. Wir sollten seine Gesundheit ausbringen.« – »Oh, sehr gern, Ihr Herren«, und er trinkt. »Genug damit«, sagt man ihm, »nun seid Ihr Stütz und Stab, Held und Helfer der Bulgaren, Euer Glück ist gemacht und Euer Ruhm gewiß.« Auf der Stelle legt man ihm Fußeisen an und führt ihn fort zum Regiment. Man läßt ihn linksum, rechtsum kehren, mit dem Ladestock laden, den Ladestock absetzen, anlegen, feuern, im Laufschritt gehen, und verpaßt ihm dreißig Stockschläge; andertags exerziert er schon um weniges besser und erhält nur zwanzig Stockschläge, den übernächsten Tag gibt man ihm nur zehn, und von seinen Kameraden wird er wie ein Wunder bestaunt.

Candide konnte, noch ganz verwirrt, nicht recht fassen, wie er zum Helden geworden war. Er ließ sich eines schönen Frühlingstages beifallen spazierenzugehen,[10] immer so vor sich hin, im Glauben, es sei ein Vorrecht der menschlichen wie der tierischen Spezies, sich seiner Beine nach Lust und Laune zu bedienen. Er hatte noch keine zwei Meilen zurückgelegt, als ihn schon vier andere sechs Fuß große Helden einholen, binden und ins Loch stecken. Drauf fragte man ihn von Rechts wegen, ob er vorziehe, sechsunddreißigmal vom ganzen Regiment gestäupt zu werden oder zwölf Bleikugeln auf einmal in den Schädel zu bekommen. Da hatte er gut reden von der Freiheit des Willens, und daß er weder das eine noch das andere wolle, er mußte die Wahl treffen. So entschloß er sich vermöge der Gottesgabe, die man *Freiheit* nennt, sechsunddreißigmal Spießruten zu laufen. Zwei Durchgänge überstand er. Das Regiment zählte zweitausend Mann, das machte für ihn viertausend Stockhiebe, die ihm vom Nacken bis zum Steiß alle Muskeln und Nerven bloßlegten. Als es an den dritten Lauf kam, bat Candide inständig, da er nicht mehr konnte, man möge die Gutherzigkeit haben, ihm den Schädel einzuschlagen; er erlangte diese Gunst. Man verbindet ihm die Augen und heißt ihn hinknien. In diesem Augenblick kommt der Bulgarenkönig vorüber, erkundigt sich nach dem Verbrechen des Missetäters, und da der König von hohen Geistesgaben war, begriff er aus allem, was er über Candide erfuhr, daß der ein junger Metaphysicus sein mußte, welcher in den Dingen dieser Welt nicht gar bewandert sei, und gewährte ihm seine Gnade mit einer Huld, die in allen Zeitungen und allen Jahrhunderten gepriesen werden wird. Ein tüchtiger Feldscherer heilte Candide in drei Wochen mit Breiumschlägen nach der Lehre des Dioskorides. Er hatte schon wieder ein wenig Haut und konnte gehen, als der König der Bulgaren dem König der Abaren eine Schlacht lieferte.

DRITTES KAPITEL

Wie Candide den Bulgaren entfloh und was aus ihm wurde

Nichts war so schön, so rüstig, so glänzend, so wohlgeordnet wie die beiden Armeen. Die Trompeten, die Pfeifen, die Hoboen, die Trommeln, die Kanonen bildeten eine Harmonie, so es in der Hölle nie gegeben. Zuerst ließen die Kanonen nahezu sechstausend Mann auf jeder Seite umkippen, dann schaffte das Musketenfeuer so ungefähr neun- bis zehntausend Schelme von der besten aller Welten weg, deren Oberfläche sie ohnehin verpesteten. Das Bajonett wurde überdies zum zureichenden Grund für den Tod einiger tausend Mann. Das Ganze mochte sich gut und gern auf rund dreißigtausend Seelen belaufen. Candide zitterte wie ein Philosoph und versteckte sich so gut er konnte während dieser heldenhaften Schlächterei.

Derweil dann die beiden Könige das *Te Deum* singen ließen, jeder in seinem Lager, beschloß er, anderweitig Wirkungen und Ursachen zu durchdenken. Er stieg über Haufen von Toten und Sterbenden und erreichte zuerst ein Nachbardorf; es lag in Schutt und Asche. Es war ein Abarendorf, das die Bulgaren nach den Bestimmungen des allgemeinen Völkerrechts gebrandschatzt hatten. Hier sahen Greise von Schüssen durchsiebt ihre hingeschlachteten Weiber sterben, die Kinder an die blutigen Brüste gepreßt, dort taten Mädchen mit aufgeschlitzten Leibern den letzten Atemzug und hatten noch die natürlichen Bedürfnisse einiger Helden gestillt; andere, halbverbrannt, schrien, daß man ein Ende mit ihnen mache. Hirn bedeckte den Boden nebst abgehauenen Armen und Beinen.

Candide floh hastig in ein anderes Dorf: es gehörte den Bulgaren, und die abarischen Helden hatten es auf die nämliche Weise behandelt. Allerwegen über zuckende Glieder und durch Ruinen steigend, entkam er schließlich dem Kriegsschauplatz mit wenigen Vorräten in seinem Quersack und ohne je Fräulein Kunigunde zu vergessen. Seine Vorräte gingen ihm aus, als er in Holland war, da er aber gehört hatte, jedermann in diesem Land sei reich und daß man hier christlich sei, zweifelte er nicht daran, genausogut behandelt zu werden wie im Schloß des Herrn Baron, bevor er von dort der schönen Augen Fräulein Kunigundes wegen verjagt worden war.

Er bat mehrere gravitätische Personen um ein Almosen, die ihm alle entgegneten, wenn er mit diesem Gewerbe fortfahre, werde man ihn in ein Arbeitshaus setzen, ihm Betragen beizubringen.

Er wandte sich darauf an einen Mann, der gerade eine geschlagene Stunde lang zu einer großen Versammlung über die Nächstenliebe gesprochen hatte. Dieser Redner schaute ihn scheel an und fragte: »Was wollt Ihr hier? Seid Ihr um der guten Sache willen da? Ist das die Ursache Eures Kommens?« – »Es gibt keine Wirkung ohne eine solche«, gab Candide bescheiden zur Antwort, »alles ist notwendig miteinander verknüpft und zum besten bestellt. So mußte ich aus Fräulein Kunigundes Nähe verjagt werden, so hatte ich Spießruten laufen müssen, und so muß ich um mein Brot betteln, bis ich imstande bin, mir welches zu verdienen, all dies konnte gar nicht anders sein.« – »Guter Freund«, fragte ihn der Redner, »glaubt Ihr, daß der Papst der Antichrist ist?« – »Ich habe davon noch nicht reden hören«, sagte Candide, »allein sei er es nun oder nicht, ich habe kein Brot.« – »Du verdienst auch keines«, sagte der andere, »scher dich fort, du Schurke, du Elender, fort! Und komm mir in deinem Leben nicht mehr unter die Augen.« Seine Frau hatte den Kopf aus dem Fenster gesteckt, und als sie einen Mann gewahrte, der bezweifelte, daß der Papst der Antichrist sei, goß sie ihm einen vollen …….. über den Kopf. O Himmel, zu welchen Exzessen führt der Glaubenseifer bei den Damen!

Ein Mann, der nun nicht getauft war, ein braver Wiedertäufer namens Jakob, sah, wie grausam und schimpflich man einen seiner Brüder behandelte, ein ungefiedertes

Wesen auf zwei Beinen und mit einer Seele.[11] Er nahm ihn mit zu sich, säuberte ihn, gab ihm Brot und Bier, schenkte ihm zwei Florine und wollte ihm sogar Arbeit geben in seinen Manufakturen für persische Stoffe, die in Holland gefertigt werden. Candide wäre ihm beinahe zu Füßen gefallen und rief: »Genauso hat Meister Pangloß es gesagt, daß in dieser Welt alles zum besten bestellt sei, denn ich bin von Eurer außerordentlichen Hochherzigkeit mehr bewegt als von der Hartherzigkeit jenes Herrn im schwarzen Mantel und seiner Frau Gemahlin.«

Anderntags stieß er beim Spazierengehen auf einen Bettler, der ganz von Eiterblattern bedeckt war; die Augen erstorben, die Nasenspitze zerfressen, mit schiefem Maul und schwarzen Zähnen, krächzte er kehlig von heftigem Husten geschüttelt und spuckte bei jedem Anfall einen Zahn aus.

VIERTES KAPITEL

Wie Candide seinen ehemaligen Philosophielehrer, den Doktor Pangloß, wiedertraf und was daraus wurde

Mehr von Mitleid ergriffen denn von Abscheu, gab Candide diesem entsetzlichen Bettler die beiden Florine, die er von seinem redlichen Wiedertäufer Jakob bekommen hatte. Da starrte ihn das Schreckgespenst an, begann zu weinen und fiel ihm um den Hals. Entsetzt weicht Candide zurück. »Wehe!« sagt der eine Elende zum anderen, »erkennt Ihr denn Euren Pangloß nicht mehr?« – »Was höre ich da? Ihr, mein lieber Meister! Ihr, in diesem schrecklichen Zustand! Welch Unglück ist Euch denn nur widerfahren? Warum seid Ihr denn nicht mehr im schönsten aller Schlösser? Was ist aus Fräulein Kunigunde geworden, der Perle der Jungfrauen, dem Meisterwerk der Natur?« – »Ich kann nicht mehr«, sagt Pangloß. Sogleich brachte ihn Candide in des Wiedertäufers Stall, wo er ihm ein wenig Brot zu essen gab, und als Pangloß wieder bei Kräften war, sagte er: »Nun also! Kunigunde?« – »Sie ist tot«, versetzte dieser. Candide schwanden bei dem Wort die Sinne. Sein Freund brachte ihn wieder zu sich mit ein wenig schlechtem Essig, der sich von ungefähr in dem Stalle fand. Candide schlägt die Augen auf. »Kunigunde tot! Ach! Beste aller Welten, wo bist du? Aber an welcher Krankheit ist sie denn gestorben? Etwa, weil sie mich mit derben Fußtritten aus dem schönen Schloß ihres Herrn Vaters weggejagt sah?« – »Nein«, sagte Pangloß, »bulgarische Soldaten schlitzten ihr den Bauch auf, nachdem sie so oft genotzüchtigt worden, wie das nur möglich ist, dem Herrn Baron haben sie den Schädel eingeschlagen, wie er ihr beistehen wollte, die Frau Baronin wurde in Stücke gehauen, meinem armen Schüler ist es haarklein so ergangen wie seiner Schwester; und was das Schloß anlangt, ist da kein Stein mehr auf dem anderen, nicht eine Scheuer, kein Schaf, keine Ente, nicht ein Baum mehr ist übrig. Wir sind aber gründlich gerächt, denn die Abaren haben es genauso gemacht in einer benachbarten Baronie, die einem bulgarischen Edelmann gehörte.«

Bei diesem Reden schwanden Candide erneut die Sinne; wieder zu sich gekommen und alles gesagt habend, was zu sagen war, erkundigte er sich angelegentlich nach der Ursache und der Wirkung und dem zureichenden Grund, die Pangloß in einen so jämmerlichen Zustand versetzt hatten.

»Ach«, sagte der, »es ist die Liebe; die Liebe, die Trösterin des Menschengeschlechts, die Erhalterin des Universums, die Seele aller empfindsamen Wesen, die zärtliche Liebe.« – »O wehe«, sagte Candide, »ich habe sie kennengelernt, diese Liebe, die Beherrscherin der Herzen, diese Seele unserer Seele; mir hat sie weiter nichts eingebracht als einen Kuß und zwanzig Fußtritte in den Hintern. Wie konnte nur diese schöne Ursache eine so abscheuliche Wirkung bei Euch hervorrufen?«

Pangloß antwortete folgendermaßen: »Oh, mein lieber Candide! Ihr kanntet doch Maßliebchen, die niedliche Zofe unserer erlauchten Baronin; ich habe in ihren Armen die Wonnen des Paradieses gekostet, die diese Qualen der Hölle hervorriefen, wovon Ihr mich hier zerfressen seht, sie war davon angesteckt, vielleicht ist sie daran gestorben. Maßliebchen erhielt dies Präsent von einem hochgelehrten Franziskaner,[12] der es vom Urquell hatte, denn er bekam es von einer alten Gräfin, die es von einem Rittmeister erhielt, der es einer Marquisin verdankte, die es von einem Pagen hatte, der es von einem Jesuiten empfing, welcher es als Novize in direkter Linie von einem Gefährten des Christoph Kolumbus bekam. Ich selbst werde es niemandem weitergeben, weil ich sterbe.«

»O Pangloß!« rief Candide, »welch seltsamer Stammbaum! Ist nicht gar der Teufel sein Stammvater?« – »Keinesfalls«, gab dieser große Mann zur Antwort, »es war dies unerläßlich in der besten der Welten, ein nötiger Bestandteil, denn hätte sich Kolumbus nicht auf einer Insel Amerikas diese Krankheit geholt, die den Quell der Zeugung vergiftet, ja häufig die Zeugung gar verhindert und offensichtlich dem großen Zwecke der Natur entgegensteht, dann besäßen wir weder die Schokolade noch den Scharlachwurm.[13] Man muß auch bedenken, daß auf unserem Erdteil diese Krankheit bis heute uns eigentümlich ist, so wie die Glaubensdispute. Türken, Inder, Perser, Chinesen, Siamesen und Japaner kennen sie noch nicht, es gibt aber einen zureichenden Grund dafür, daß die ihrerseits sie in einigen Jahrhunderten werden kennenlernen. Mittlerweile hat sie unter uns wunderbare Fortschritte gemacht, insonderheit bei den großen Heeren, so bestehen aus redlichen, wohlerzogenen Söldnern, die über das Schicksal der Staaten entscheiden. Es kann für gewiß gelten, wenn dreißigtausend Mann in Schlachtordnung gegen gleich starke Truppen kämpfen, stehen auf jeder Seite vielleicht zwanzigtausend Lustseuchlinge.«

»Das ist ja gewiß vortrefflich«, meinte Candide, »aber Ihr müßt Euch heilen lassen.« – »Wie kann ich das denn?« sagte Pangloß, »ich habe keinen Heller, lieber Freund, und auf dem ganzen weiten Erdenrund bekommt man weder einen Aderlaß noch ein Klistier, ohne zu zahlen oder jemanden, der für einen zahlt.«

Diese letzten Worte gaben für Candide den Ausschlag, er lief, sich seinem wohltätigen Wiedertäufer Jakob zu Füßen zu werfen, und malte ihm den Zustand, in dem sich sein Freund befand, so anrührend aus, daß der gute Mann nicht zauderte, den Doktor Pangloß aufnahm und ihn auf eigene Kosten heilen ließ. In der Kur verlor Pangloß nur ein Auge und ein Ohr. Er schrieb schön und verstand sich vortrefflich aufs Rechnen. Der Wiedertäufer Jakob machte ihn daher zu seinem Buchhalter. Als er nach zwei Monaten in Angelegenheiten seines Handels nach Lissabon mußte, nahm er seine beiden Philosophen mit auf sein Schiff. Pangloß setzte ihm auseinander, wie alles rundweg zum besten bestellt sei. Jakob war nicht dieses Erachtens. »Die Menschen müssen die Natur schon ein bißchen verdorben haben, weil sie doch nicht als Wölfe geboren werden und sind doch Wölfe geworden: Gott hat ihnen weder Vierundzwanzigpfünder noch Bajonette[14] gegeben, und sie schufen sich Bajonette und Kanonen, einander zu vernichten. Ich könnte die Bankrotte noch in Rechnung bringen, sowie die Justiz, die sich des Hab und Guts der Bankrottierer bemächtigt, damit die Gläubiger das Nachsehen haben.« – »All dies ist unerläßlich«, entgegnete der einäugige Doktor, »und das private Unglück begründet das Wohl der Allgemeinheit, dergestalt, daß je mehr privates Unglück es gibt, alles desto besser steht.«[15] Indem er so vernünftelte, verfinsterte sich der Himmel, die Winde bliesen aus allen Himmelsrichtungen, und das Schiff wurde vom schrecklichsten Unwetter angefallen, in Sichtweite des Hafens von Lissabon.

FÜNFTES KAPITEL

Sturm, Schiffbruch, Erdbeben und was weiter aus dem Doktor Pangloß, Candide und dem Wiedertäufer Jakob wurde

Die eine Hälfte der Passagiere, geschwächt und höllenbang vor unfaßbarer Angst, mit der das Rollen eines Schiffes an den Nerven zerrt und alle Körpersäfte durcheinanderschüttelt, besaß nicht einmal die Kraft, sich über die Gefahr zu bekümmern. Die andere Hälfte kreischte und betete; die Segel waren zerfetzt, die Masten geknickt, der Rumpf geborsten. Wer konnte, legte mit Hand an, niemand hörte auf irgendwen, niemand führte das Kommando. Der Wiedertäufer half hier und da beim Steuern, er stand auf dem

Oberdeck; ein wütender Matrose schlägt derb nach ihm und streckt ihn auf die Planken hin, von der Wucht des Hiebes, den er ihm versetzte, bekam er selbst einen so gewaltigen Stoß, daß er kopfüber vom Schiff stürzte. Er blieb an einem Stück des gebrochenen Mastes hängen und klammerte sich fest. Der gute Jakob eilt hin, hilft ihm wieder hoch, wird aber von der Kraft, die er aufbietet, selbst ins Meer geschleudert vor den Augen des Matrosen, der ihn verderben läßt, ohne ihn auch nur eines Blickes zu würdigen. Candide läuft herbei, sieht seinen Wohltäter, wie er noch kurz auftaucht und dann für immer versinkt. Er will sich ihm nach ins Meer werfen, der Philosoph Pangloß hindert ihn daran und beweist ihm, daß die Reede von Lissabon gerade zu dem Zwecke gebaut worden sei, damit dieser Wiedertäufer hier ertrinke. Während er noch den Beweis führte, nämlich a priori,[16] bricht das Schiff auseinander, alles geht zugrunde, außer Pangloß, Candide und jenem viehischen Matrosen, der den ehrbaren Wiedertäufer ertränkt hatte. Dieser Schuft schwamm glücklich ans Ufer, wohin Pangloß und Candide auf einer Planke getrieben wurden.

Als sie ein wenig zu sich gekommen waren, machten sie sich auf den Weg nach Lissabon; es blieb ihnen einiges Geld, womit sie dem Hunger zu entgehen hofften, nachdem sie dem Sturm entronnen waren.

Kaum haben sie den Fuß in die Stadt gesetzt und beweinen noch den Tod ihres Wohltäters, als sie spüren, wie unter ihren Füßen die Erde bebt; schäumend braust das Meer im Hafen auf und zerschmettert die Schiffe vor Anker. Wirbelwinde aus Flammen und Asche überziehen Straßen und Plätze; Häuser stürzen in sich zusammen, Dächer überschlagen sich auf die Grundmauern, und die Fundamente bersten. Dreißigtausend Einwohner jeden Alters und Geschlechts werden unter den Trümmern erschlagen.[17] Der Matrose pfiff durch die Zähne und fluchte: »Hier sollt's was zu holen geben« – »Was mag wohl der zureichende Grund für dies Phänomen sein?« fragte Pangloß. – »Der Jüngste Tag ist angebrochen!« schrie Candide. Der Matrose läuft unverzüglich mitten in die Trümmer, trotzt dem Tod, um Geld zu finden, findet welches, bringt es an sich, besäuft sich und kauft sich, kaum aus dem Rausch erwacht, die Gunst des nächstbesten willigen Mädchens, auf das er zwischen den Trümmern zerstörter Häuser trifft, inmitten Sterbender und Toter. Pangloß indes zieht ihn am Ärmel: »Guter Freund«, sagt er zu ihm, »solches ist nicht recht, Ihr handelt wider die universelle Vernunft, Ihr wählt Euren Zeitpunkt schlecht.« – »Den Teufel noch eins!« gab der andere zurück, »ich bin Matrose und in Batavia geboren, auf vier Reisen nach Japan habe ich vier Mal das Kruzifix mit Füßen getreten,[18] bei mir bist du am Richtigen mit deiner universellen Vernunft!«

Einige Steinschläge hatten Candide verletzt, er lag auf der Straße unter Trümmerstücken. Er sagte zu Pangloß: »Ach! Verschaffe mir ein wenig Wein und Öl, ich sterbe.« – »Dieses Erdbeben ist an sich nichts Neues«, antwortete Pangloß; »die Stadt Lima in Amerika erfuhr die gleichen Erdstöße letztes Jahr; gleiche Ursachen, gleiche Wirkungen: Sicher verläuft eine Schwefelader unter der Erde von Lima nach Lissabon.« – »Nichts ist wahrscheinlicher«, sagte Candide, »aber um Gottes willen, ein wenig Wein und Öl.« – »Was heißt wahrscheinlich?« gab der Philosoph zurück, »ich behaupte, es ist erwiesen.« Candide verlor das Bewußtsein, und Pangloß brachte ihm ein wenig Wasser vom nächsten Brunnen.

Anderntags stärkten sie sich etwas mit einigem Mundvorrat, den sie beim Kriechen durch die Trümmer gefunden hatten. Darauf müßten sie sich wie die anderen auch, den Einwohnern, die dem Tode entronnen waren, zu helfen. Einige von den Bürgern, denen sie beigestanden hatten, gaben ihnen eine Mahlzeit, so gut es eben inmitten eines solchen Unglücks sein konnte. Freilich war es ein trauriges Mahl. Jeder netzte sein Brot mit Tränen, Pangloß tröstete sie aber, indem er ihnen versicherte, es könne alles gar nicht anders sein: »Da dies alles nur zum Besten ist. Weil, wenn es denn einen Vulkan in Lissabon gibt, er nicht anderswo sein kann. Da es unmöglich ist, daß die Dinge nicht dort sind, wo sie sind. Denn alles ist gut, so wie es ist.«

Ein kleiner dunkler Mann, ein Unterbeamter der Inquisition, der ihm zur Seite saß, ergriff höflich das Wort: »Augenscheinlich glauben der Herr nicht an die Erbsünde;[19] denn wo alles zum besten bestellt ist, gibt es ja wohl weder Sündenfall noch Strafe.«

»Ich bitte Euer Exzellenz demütigst um Vergebung«, antwortete Pangloß noch höflicher, »da ja der Sündenfall des Menschen und die Verdammnis notwendig Teil der besten aller möglichen Welten sind.« – »Der Herr glaubt demnach nicht an die Willensfreiheit?« fragte der Beamte. – »Mit Verlaub, Euer Exzellenz«, sagte Pangloß, »Willensfreiheit kann neben der absoluten Notwendigkeit bestehen, da es ja notwendig war, daß wir frei seien, denn der determinierte Wille schließlich …« Pangloß war mitten in seinem Lehrsatz, als der Beamte seinem bewaffneten Domestiken, der ihm Porto- oder Oportowein einschenkte, mit dem Kopf ein Zeichen gab.

SECHSTES KAPITEL

Wie man ein schönes Autodafé[20] *veranstaltete,
um die Erdbeben zu verhindern,
und wie Candide verdroschen wurde*

Nach dem Erdbeben, das Lissabon zu drei Vierteln zerstört hatte, war den Weisen des Landes kein wirksameres Mittel beigefallen, dem gänzlichen Untergang der Stadt zuvorzukommen, als dem Volk ein schönes Autodafé zu bieten. Von der Universität Coimbra[21] war der Bescheid ergangen, das Schauspiel einiger in Solennität und Zeremoniell auf kleinem Feuer gerösteter Personen sei ein unfehlbares Geheimmittel, die Erde am Beben zu hindern.

Infolgedessen hatte man einen Biskayer gegriffen, der überführt war, seine Gevatterin geheiratet zu haben, sowie zwei Portugiesen, die bei einem Huhn den Bratspeck abgezogen hatten,[22] ehe sie's aßen. Man kam nach dem Essen, den Doktor Pangloß und seinen Schüler Candide in Fesseln zu legen, den einen seiner Rede, den anderen seiner billigenden Miene beim Zuhören wegen: man brachte beide gesondert in Gemächer von äußerster Frische, wo einen zudem nie die Sonne inkommodierte. Acht Tage darauf wurden ihnen ein Sanbenito[23] angelegt und man schmückte ihre Häupter mit Mitren aus Papier. Die Mitra und der Sanbenito Candides waren mit abwärts gerichteten Flammen bemalt und mit Teufeln ohne Krallen und Schwänze, während Panglossens Teufel Krallen und Schwänze besaßen, auch waren seine Flammen aufwärts gerichtet. So gekleidet schritten sie in Prozession dahin und hörten eine höchst ergreifende Predigt, begleitet von schöner Melodie in einförmigem Baßgesang.[24] Candide wurde im Takt des Gesangs verdroschen; der Biskayer und die beiden Männer, die keinen Speck hatten essen wollen, wurden verbrannt und Pangloß gehenkt, obgleich das ein unübliches Verfahren ist. Den gleichen Tag bebte die Erde abermals unter entsetzlichem Getöse.

Bestürzt, stumm und starr, über und über blutend und zitternd sagte sich Candide: »Wenn dies die beste aller möglichen Welten ist, wie sind dann bloß die anderen? Es mag noch hingehen, daß ich nur verdroschen wurde, was mir auch bei den Bulgaren geschah. Aber mein teurer Pangloß! Größter der Philosophen, mußte ich Euch hängen sehen, ohne zu wissen wofür! Mein teurer Wiedertäufer, bester aller Menschen, mußtet Ihr im Hafen ersaufen! O Fräulein Kunigunde, Perle der Jungfrauen, mußte Euch der Bauch aufgeschlitzt werden!«

Er machte kehrt, seines Wegs zu gehen, konnte sich bepredigt, verdroschen, absolutiert und gesegnet kaum noch auf den Beinen halten, als eine Alte zu ihm trat und sagte: »Nur Mut, mein Sohn, folgt mir.«

SIEBTES KAPITEL

Wie eine Alte für Candide Sorge trug und wie er dann wiederfand, was er liebte

Mut faßte Candide keinen, folgte der Alten aber in ein verfallenes Gemäuer. Sie gab ihm einen Topf Salbe, sich einzureiben, stellte ihm zu essen und zu trinken hin und wies ihm ein leidlich sauberes Bett. Bei dem Bett lag ein vollständiger Anzug. »Eßt, trinkt und schlaft«, sagte sie zu ihm,

»auf daß Unsere liebe Frau Atocha, der Heilige Antonius von Padua und der Heilige Jakob von Compostella Euch behüten: ich komme morgen wieder.« Immer noch verstört von allem, was er gesehen, was er erlitten hatte und noch mehr von der Barmherzigkeit der Alten, wollte Candide ihr die Hand küssen. »Nicht mir sollet ihr die Hand küssen«, sagte die Alte; »morgen komme ich wieder. Reibt Euch mit der Salbe ein, eßt und schlaft.«

Trotz so vieler Widrigkeiten aß und schlief Candide. Andertags bringt ihm die Alte zu frühstücken, nimmt seinen Rücken in Augenschein und reibt ihn selbst mit einer anderen Salbe ein. Danach bringt sie ihm Mittagessen, kehrt abends wieder mit dem Abendbrot. Tags darauf machte sie die gleichen Umstände. »Wer seid Ihr?« fragte Candide immer wieder, »wer gab Euch soviel Güte in den Sinn? Wie kann ich Euch dafür danken?« Die gute Frau gab ihm nie eine Antwort; des Abends kam sie wieder und brachte kein Abendbrot. »Kommt mit mir«, sagte sie, »und sprecht kein Wort.« Sie nimmt ihn beim Arm und geht mit ihm etwa eine Viertelmeile über Land: sie gelangen an ein einzelnes von Gärten und Wassergräben umgebenes Haus. Die Alte pocht an eine Pforte. Man öffnet, sie führt Candide über eine Winkeltreppe in ein vergoldetes Gemach, läßt ihn auf einem brokatenen Ruhebett zurück, verschließt die Tür wieder und entfernt sich. Candide glaubte zu träumen und sah sein ganzes bisheriges Leben für einen unheilvollen Traum an und den gegebenen Augenblick für einen angenehmen.

Die Alte tauchte bald wieder auf und stützte mit genauer Not eine bebende Frau, von stattlichem Wuchs, verschleiert und glitzernd von Edelsteinen. »Hebt den Schleier auf!« sagte die Alte zu Candide. Der Junge tritt heran und lüftet ihn mit scheuer Hand. Welch ein Augenblick! Welche Überraschung! Fräulein Kunigunde glaubt er zu sehen;

und er sah sie tatsächlich, sie war es leibhaftig. Ihm schwinden die Kräfte, kein Wort bringt er hervor, er sinkt zu ihren Füßen hin. Kunigunde sinkt aufs Ruhebett. Die Alte gießt reichlich belebende Essenz über sie; die Sinne kehren ihnen zurück, sie reden zueinander: zuerst sind es halbgebrochene Worte, dann überkreuzen sich Fragen und Antworten, Seufzer, Tränen, Ausrufe. Die Alte schärft ihnen ein, weniger Lärm zu machen, und läßt sie dann unbehelligt. »Wie! Ihr seid es!« sagt Candide, »und Ihr seid am Leben! In Portugal finde ich Euch wieder! So seid Ihr nicht geschändet, so hat man Euch nicht den Bauch aufgeschlitzt, wie mir der Philosoph Pangloß versicherte?« – »Doch, schon«, gab die schöne Kunigunde zurück, »aber man stirbt nicht immer an diesen beiden unglücklichen Umständen.« – »Aber Euer Vater und Eure Mutter sind getötet worden?« – »Das ist nur zu wahr«, sagte Kunigunde unter Tränen. – »Und Euer Bruder?« – »Mein Bruder ist auch umgebracht.« – »Und warum seid Ihr in Portugal? Und wie habt Ihr erfahren, daß ich hier bin? Und durch welch sonderbaren Zufall ließt Ihr mich in dieses Haus führen?« – »Das werde ich Euch alles erzählen«, entgegnete die Dame, »zunächst aber müßt Ihr mir alles berichten, was Euch widerfahren ist seit dem unschuldigen Kuß, den Ihr mir einst gabt, und den Fußtritten, die Ihr dann erhieltet.«

Candide gehorchte mit großer Ehrerbietung, so beklommen ihm war, so schwach und zitternd seine Stimme, und ob der Rücken ihn auch noch ein wenig schmerzte, erzählte er ihr aufs treuherzigste alles, was er seit ihrer Trennung ausgestanden. Kunigunde hob die Augen zum Himmel, sie vergoß Tränen über den Tod des braven Wiedertäufers und Panglossens, wonach sie zu Candide, dem nicht ein Wort entging und der sie mit den Augen verschlang, wie folgt sprach.

ACHTES KAPITEL

Kunigundes Geschichte

»Ich lag in meinem Bett und schlief tief und fest, als es dem Himmel gefiel, die Bulgaren in unser schönes Schloß von Thunder-ten-tronckh zu schicken. Meinen Vater und meinen Bruder machten sie nieder und die Mutter hieben sie in Stücke. Ein großer Bulgare von sechs Fuß sah, daß ich bei diesem Anblick die Besinnung verloren hatte, und machte sich daran, mich zu notzüchtigen. Davon kam ich zu mir, und als ich meine Sinne wieder beisammen hatte, schrie ich, schlug um mich, biß und kratzte, wollte dem großen Bulgaren die Augen ausreißen, und wußte doch nicht, daß alles, was im Schloß meines Vaters geschah, nur der übliche Hergang war: der viehische Mensch gab mir einen Messerstich in die linke Seite, von dem ich noch die Narbe habe.« – »Ach! Ich hoffe wohl, sie zu sehen«, meinte der treuherzige Candide. – »Ihr werdet sie zu sehen bekommen«, sagte Kunigunde, »aber fahren wir fort.« – »Fahrt fort«, sagte Candide.

So nahm sie den Faden ihrer Geschichte wieder auf: »Ein bulgarischer Hauptmann kam herein, sah mich blutüberströmt, und der Soldat ließ sich überhaupt nicht stören. Der Hauptmann geriet in Zorn über den Mangel an Respekt, den dieser grobe Klotz ihm gegenüber an den Tag legte, und erschlug ihn auf meinem Leib. Darauf ließ er mich verbinden und brachte mich als Kriegsgefangene in sein Quartier. Ich wusch ihm das bißchen an Hemden, das er besaß, und besorgte seine Küche. Er fand mich sehr hübsch, das muß man schon sagen, und ich leugne es auch nicht, daß er ein sehr wohlgestalter Mann war und daß er eine weiche, weiße Haut hatte, im übrigen aber wenig Geist, wenig Philosophie: man merkte gleich, daß er nicht vom Doktor Pangloß erzogen war. Nach drei Monaten, seines Geldes verlustig und meiner überdrüssig, verkaufte er mich an einen Juden namens Don Issachar, der in Holland und Portugal Handel trieb und leidenschaftlich die Frauen liebte. Dieser Jude faßte nun ungemeine Zuneigung zu mir, konnte aber dennoch nicht obsiegen; ihm habe ich besser widerstanden als dem bulgarischen Soldaten. Eine Person von Ehre kann einmal genotzüchtigt werden, aber ihre Tugend festigt sich davon. Um mich zahm zu machen, brachte der Jude mich in dieses Landhaus hier. Bis dahin war ich in dem Glauben gewesen, es gäbe auf der Welt nichts so Schönes wie das Schloß von Thunder-ten-tronckh. Ich wurde eines Besseren belehrt.

Eines Tages gewahrte mich in der Messe der Großinquisitor. Verstohlen beäugelte er mich eingehend und ließ mir sagen, er habe mich zu sprechen in geheimen Angelegenheiten. Da wurde ich in seinen Palast geführt, entdeckte ihm meinen Stand, und er hielt mir vor, wie sehr es unter meinem Rang sei, einem Israeliten anzugehören. In seinem Namen schlug man Don Issachar vor, mich an Seine Hochwürden abzutreten. Don Issachar, Hofbankier und Mann von großer Geltung, wollte sich dazu nicht verstehen. Der Inquisitor drohte ihm mit einem Autodafé. Endlich schloß mein Jude verzagt einen Handel mit ihm, wonach das Haus und ich beiden gemeinsam gehören sollte. Und der Jude hätte für sich die Montage, Mittwoche und den Sabbat, die übrigen Wochentage der Inquisitor. Diese Übereinkunft besteht jetzt seit sechs Monaten. Das ging nicht ohne Streit ab, denn oft blieb unentschieden, ob die Nacht von Samstag auf Sonntag dem Neuen oder dem Alten Testament zukomme. Was mich angeht, so habe ich bis heute beiden widerstanden, und ich glaube, um deswillen werde ich immer noch geliebt.

Schließlich gefiel es dem Hochwürdigen Herrn Inquisitor, um der Erdbebenplage zu wehren und Don Issachar abzuschrecken, ein Autodafé abzuhalten. Mir erwies er die Ehre, mich dazu einzuladen. Ich bekam einen sehr guten Platz zugewiesen. Man reichte den Damen Erfrischungen und Kandiertes zwischen Messe und Hinrichtung. Mich packte allerdings Entsetzen, als ich die beiden Juden brennen sah und den braven Biskayer, der seine Gevatterin geheiratet; aber welche Bestürzung, Schrecken, Verwirrung, als ich in einem Sanbenito und unter einer Mitra eine Gestalt sah, die Pangloß glich! Ich rieb mir die Augen, schaute angestrengt hin, sah ihn hängen, fiel in Ohnmacht. Kaum war ich wieder bei mir, als ich Euch nackt und bloß da stehen sah: das war der Gipfel an Entsetzen, Bestürzung, Schmerz und Verzweiflung. Ich muß Euch gestehen, Eure Haut ist noch weißer und viel rosiger als selbst die meines Bulgarenhauptmanns. Dieser Anblick vervielfachte alle Empfindungen, die mich überwältigten, mich verzehrten. Ich schrie auf, wollte rufen: ›Haltet ein, Barbaren!‹ aber die Stimme versagte mir, und meine Schreie wären zwecklos gewesen. Als Ihr richtig verhauen wart, sagte ich bei mir: ›Wie kann es sein, der liebenswerte Candide und der weise Pangloß in Lissabon, der eine, um hundert Peitschenhiebe zu empfangen, der andere, um gehängt zu werden auf Weisung meines Hochwürdigen Inquisitors, dessen Liebste ich bin? Also hat Pangloß mich grausam getäuscht, als er mir sagte, es stehe alles zum besten.‹

Erregt, bestürzt, bald von Sinnen und bald sterbenselend, in meinem Kopf ging alles durcheinander, das Abschlachten meines Vaters, meiner Mutter, meines Bruders, die Grobheit meines abscheulichen Bulgarensoldaten, der Messerstich, den er mir versetzte, mein Mägdedasein, mein Stand als Köchin, mein Bulgarenhauptmann, mein häßlicher Don Issachar, mein abscheulicher Inquisitor, das Henken des Doktor Pangloß, das eintönige große *Miserere,* während man Euch verhaute und insbesondere der Kuß, den ich Euch hinter einem Wandschirm gegeben hatte, des Tags, als ich Euch zum letzten Mal sah. Ich pries Gott, der Euch mir wieder zuführte nach so vielen Prüfungen. Ich schärfte meiner Alten ein, für Euch Sorge zu tragen und, sobald sie könne, Euch hierherzubringen. Sie hat meinen Auftrag sehr brav ausgeführt; ich empfand das unaussprechliche Vergnügen, Euch wiederzusehen, zu hören, zu Euch zu sprechen. Ihr müßt verzehrenden Hunger haben; ich habe großen Appetit, machen wir uns ans Abendessen.«

Und so setzen sich beide zu Tisch und nach dem Abendessen wieder auf das schöne Sofa, von dem schon die Rede war; dort saßen sie, als der Signor Don Issachar, einer der Hausherren, eintraf. Es war Sabbat. Er kam seine Rechte wahrnehmen und seine zärtliche Liebe erklären.

NEUNTES KAPITEL

Was sich mit Kunigunde, Candide, dem Großinquisitor und einem Juden zutrug

Dieser Issachar war der jähzornigste Hebräer, der in Israel seit der Babylonischen Gefangenschaft gesehen wurde. »Wie! Du Betze von einer Galiläerin«[25], schrie er, »ist der Herr Inquisitor noch nicht genug? Soll dieser Schelm auch noch mit mir teilen?« Zieht dabei einen langen Dolch, den er stets bei sich trug, und im Glauben, seine Gegenpartei sei ohne Waffe, wirft er sich auf Candide; aber unser braver Westfale hatte von der Alten zusammen mit seinem Gewand auch einen schönen Degen bekommen. Den zieht er trotz seines überaus sanften Gemüts und streckt euch doch den Israeliten mausetot auf die Kacheln nieder, gerade zu Füßen der schönen Kunigunde.

»Heilige Jungfrau!« schrie die auf, »was soll aus uns werden? Ein Erschlagener bei mir im Haus! Wenn die Gerichtsbarkeit kommt, sind wir verloren!« – »Wäre Pangloß nicht gehenkt worden«, meinte Candide, »gäbe er uns in dieser schweren Not einen guten Rat, denn er war ein großer Philosoph. Da er uns abgeht, ziehen wir doch die Alte zu Rate.« Die war sehr umsichtig und wollte eben ihre Ansicht vorbringen, als sich eine andere kleine Tür öffnete. War es doch eine Stunde nach Mitternacht und der Sonntag angebrochen. Dieser Tag gehörte dem Herrn Inquisitor. Er tritt ein und sieht den verdroschenen Candide, den Degen in der Hand, einen Toten auf der Erde hingestreckt, Kunigunde außer sich und die Alte im Begriff, Ratschläge zu erteilen.

Und solches ging dabei im Innersten Candides vor, und er schloß bei sich: »Wenn dieser heilige Mann Hilfe herbeiruft, wird er mich unweigerlich verbrennen lassen, mit Kunigunde wird er ebenso verfahren können. Er hat mich mitleidslos auspeitschen lassen, er ist mein Nebenbuhler; beim Töten bin ich nun schon mal, da gibt es nichts mehr abzuwägen.« Diese Schlußfolgerung geschah klar und rasch, und ohne dem Inquisitor Zeit zu lassen, daß er sich von seiner Überraschung erhole, durchbohrt er ihn durch und durch und streckt ihn neben dem Juden hin. »Das ist ja noch ärger«, sagte Kunigunde, »jetzt gibt es keinerlei Vergebung mehr; wir sind exkommuniziert, unsere letzte Stunde ist gekommen. Wie konntet Ihr nur binnen zweier

Minuten einen Juden und einen Prälaten umbringen, bei Eurer angeborenen Sanftmut?« – »Mein schönes Fräulein«, antwortete Candide, »ist man verliebt, eifersüchtig und von der Inquisition ausgepeitscht, dann kennt man sich selbst nicht mehr.«

Jetzt ergriff die Alte das Wort und sagte: »Im Stall stehen drei Andalusier mit Sattel und Zaumzeug: Der wackere Candide mag sie herrichten; Madame besitzen Moyadors und Diamanten, rasch zu Pferd, obgleich ich mich nur auf einer Hinterbacke halten kann, und auf nach Cadix, es ist das schönste Wetter der Welt und äußerst vergnüglich, in der Kühle der Nacht zu reiten.«

Sogleich sattelt Candide die drei Pferde. Kunigunde, die Alte und er machten dreißig Meilen in einem Zuge fort. Indes sie wegritten, dringt die Heilige Hermandad[26] ins Haus. Man beerdigt Hochwürden in einer schönen Kirche, den Juden wirft man auf den Schindanger.

Candide, Kunigunde und die Alte waren schon in dem Städtchen Avacéna, inmitten des Sierra-Morena-Gebirges, und sprachen so miteinander in einer Schenke.

ZEHNTES KAPITEL

In welchen Nöten Candide, Kunigunde und die Alte in Cadix anlangen und sich einschiffen

»Wer bloß hat mir meine Goldpistolen[27] und Diamanten gestohlen?« sagte Kunigunde weinend, »wovon sollen wir leben? Was sollen wir jetzt anstellen? Wo soll ich Inquisitoren und Juden finden, die mir neue schenken?« – »Ach!«

sagte die Alte, »ich habe einen hochwürdigen Franziskanerpater stark in Verdacht, der gestern in Badajoz in derselben Herberge wie wir nächtigte; Gott bewahre mich vor einem vorschnellen Urteil! Aber er kam zweimal in unsere Stube und brach lange vor uns auf.« – »O weh!« sagte Candide, »der gute Pangloß hat mir oft dargestellt, daß die Güter dieser Erde allen Menschen gemeinsam sind, daß jeder ein gleiches Recht darauf besitzt. Diesen Grundsätzen zufolge hätte uns der Franziskaner doch wohl etwas lassen müssen für den Rest unserer Reise. Es bleibt Euch also rein gar nichts mehr, schöne Kunigunde?« – »Nicht ein Maravédis«, war die Antwort. – »Was ist zu tun?« sagte Candide. – »Verkaufen wir eines der Pferde«, meinte die Alte, »ich werde hinter dem Fräulein aufsitzen, obwohl ich mich nur auf einer Hinterbacke halten kann, und damit immer zu nach Cadix.«

In derselben Herberge war auch ein Benediktinerprior; der kaufte das Pferd wohlfeil. Candide, Kunigunde und die Alte kamen durch Lucena, Chillas, Lebrixa und gelangten schließlich nach Cadix. Hier wurde gerade eine Flotte ausgerüstet, und man zog Truppen zusammen, um die hochwürdigen Jesuitenpatres von Paraguay zur Vernunft zu bringen, beschuldigte man sie doch, eine ihrer Horden unweit der Stadt Sacramento gegen die Könige von Spanien und Portugal aufgewiegelt zu haben.[28] Candide, der ja bei den Bulgaren gedient hatte, führte dem General der kleinen Armee das bulgarische Exerzierreglement mit solcher Anmut, Schnelligkeit, solchem Geschick, solcher Kühnheit und Behendigkeit vor, daß er den Befehl über eine Kompanie Fußtruppen erhielt. Da war er nun Hauptmann; er schiffte sich ein mit Fräulein Kunigunde, der Alten, zwei Bedienten und den beiden Andalusiern, die dem Herrn Großinquisitor von Portugal gehört hatten.

Während der ganzen Überfahrt stellten sie Betrachtungen an über die Philosophie des armen Pangloß. »Wir sind auf dem Weg in eine andere Welt«, sagte Candide, »und in dieser dort wird wohl alles gut sein. Denn eigentlich könnte man schon ein wenig seufzen über das, was sich in der unseren in Physis wie in Moral zuträgt.« – »Ich liebe Euch aus meinem ganzen Herzen«, sagte Kunigunde, »aber ich bin noch in tiefster Seele verstört von dem, was ich gesehen, was ich erlebt habe.« – »Alles wird gut werden«, gab Candide zurück, »schon das Meer dieser neuen Welt taugt mehr als die Meere unseres Europa; es ist ruhiger, die Winde sind beständiger. Sicher ist die neue Welt die beste aller möglichen Welten.« – »Das walte Gott!« sagte Kunigunde, »aber ich war so schrecklich unglücklich in der meinen, daß mein Herz sich der Hoffnung schier verschlossen hat.« – »Ihr mögt klagen«, sagte die Alte, »aber ach! Solche Mißgeschicke wie ich habt Ihr nicht ausgestanden.« Kunigunde kam das Lachen an und sie fand die gute Frau allzu possierlich in der Meinung, unglücklicher zu sein als sie selber. – »O weh! Meine Gute«, sagte sie zu ihr, »wofern Ihr nicht von zwei Bulgaren genotzüchtigt, nicht zwei Messerstiche in den Leib erhalten, wofern man nicht zwei Eurer Schlösser geschleift, vor Euren Augen zwei Mütter und zwei Väter erwürgt und Ihr nicht zwei Eurer Liebhaber beim Autodafé habt stäupen sehen, weiß ich nicht, wie Ihr mich ausstechen könntet, dazu bin ich geborene Baronin mit zweiundsiebzig Ahnen und zur Köchin geworden.« – »Mein Fräulein«, erwiderte da die Alte, »Ihr kennt meine Herkunft nicht, und zeigte ich Euch mein Hinterteil, redetet Ihr anders und hieltet Euer Urteil zurück.« Diese Worte weckten eine ganz außerordentliche Neugier bei Kunigunde und Candide. Die Alte erzählte ihnen nun das Folgende.

ELFTES KAPITEL

Geschichte der Alten

»Ich hatte nicht immer rotgeränderte, blutunterlaufene Augen; nicht immer stieß meine Nase bis aufs Kinn, und nicht immer bin ich Magd gewesen. Ich bin die Tochter Papst Urbans des Zehnten mit der Fürstin von Palestrina.[29] Bis ins vierzehnte Jahr zog man mich in einem Palast auf, dem alle Schlösser Eurer deutschen Barone nicht einmal die Pferdeställe hätten abgeben können, und ein einziges meiner Kleider war mehr wert als alle Herrlichkeiten Westfalens. Ich nahm zu an Schönheit, Anmut, meine Gaben entfalteten sich inmitten von Lustbarkeiten, Ehrerbietung und hohen Erwartungen. Schon flößte ich Liebe ein, mein Busen bildete sich; und was für ein Busen! Weiß, fest, geformt wie jener der Venus von Medici; und was für Augen! Was für Wimpern, und die schwarzen Brauen! Welch Feuer brannte nicht in meinen Augen, daß es das Funkeln der Sterne verlöschen ließe, wie die Hofdichter rühmten. Die Kammerzofen, die mich an- und auskleideten, gerieten in Verzückung, wenn sie mich von vorn und von hinten beschauten, und alle Männer wären gern an ihrer Stelle gewesen.

Ich wurde einem souveränen Fürsten von Massa-Carrara verlobt. Welch ein Fürst! Ebenso schön wie ich, durch und durch Sanftmut und Anmut, sprühend von Geist und verzehrt von Liebe. Ich liebte ihn, wie man zum ersten Mal liebt: abgöttisch, ungestüm. Die Hochzeit wurde vorbereitet. Ein unerhörtes Gepränge und eine Pracht sondergleichen waren das, eine unaufhörliche Abfolge von Festen, Ritterspielen, Buffa-Opern, und ganz Italien machte Sonette auf mich, darunter nicht ein einziges leidlich gelungenes. Mein Glück schien zum Greifen nahe, als eine alte Marquisin, gewesene Mätresse meines Fürsten, ihn einlud, die Schokolade bei ihr zu nehmen. Er starb in weniger als zwei Stunden unter fürchterlichen Krämpfen. Aber das war ja nur eine Kleinigkeit. In Verzweiflung, wenn auch ein gut Teil weniger bekümmert als ich, wollte sich meine Mutter auf einige Zeit von solch unglückseligem Ort entfernen. Sie besaß bei Gaeta ein sehr schönes Gut. Wir schifften uns dann ein auf einer der landesüblichen Galeeren, vergoldet wie der Altar zu Sankt Peter in Rom. Und schon wirft sich ein Seeräuber aus Salé[30] auf uns und entert uns. Unsere Soldaten verteidigten sich wie Päpstliche: sie sanken alle auf die Knie, warfen ihre Waffen weg und baten den Korsaren um eine Absolution *in articulo mortis.*

Sogleich zog man sie nackt aus wie die Affen, und meine Mutter auch, unsere Ehrenfräulein auch und mich auch. Die Schnelligkeit ist bewundernswert, mit der diese Herrschaften jedermann entkleiden. Noch mehr verwunderte ich mich aber, daß sie uns allen den Finger in einen Ort steckten, wo wir Frauen uns üblicherweise nur das Klistierröhrchen setzen lassen. Diese Zeremonie befremdete mich gehörig. So urteilt man eben über alles, wenn man nie von zu Hause weggekommen ist. Bald darauf erfuhr ich, daß man damit feststellen wollte, ob wir dort nicht etwa Diamanten versteckt hätten. Es ist ein seit unvordenklichen Zeiten eingeführter Brauch unter den gesitteten Nationen, die zur See fahren. Ich erfuhr, daß die frommen Herren Malteserritter es nie daran fehlen lassen, wenn sie Türken und Türkinnen ergreifen, es ist ein Gesetz des Völkerrechts, von dem man niemals abgewichen ist.

Ich will Euch nicht darstellen, wie hart es eine junge Fürstin ankommt, als Sklavin mit ihrer Mutter nach Marokko gebracht zu werden. Ihr begreift zur Genüge, was wir alles auf dem Seeräuberschiff zu erleiden hatten. Meine Mutter war noch sehr schön, unsere Ehrenfräulein, ja, selbst unsere Kammerzofen besaßen mehr Liebreiz, als in ganz Afrika zu finden ist. Ich selbst war hinreißend, war die Schönheit und Anmut selber, und ich war Jungfrau; blieb es indes nicht lange: diese Blüte, die dem schönen Fürsten von Massa-Carrara zugedacht gewesen, wurde mir von dem Korsarenkapitän geraubt, einem greulichen Neger, der noch glaubte, mir große Ehre zu erweisen. Gewiß mußten die Frau Fürstin von Palestrina und ich sehr standhaft sein, um all das auszuhalten, was wir bis zu unserer Ankunft in Marokko erlitten. Aber lassen wir das, dies sind Dinge, so üblich, daß sie nicht der Mühe wert sind, erwähnt zu werden.

Marokko schwamm im Blut, als wir anlangten. Fünfzig Söhne des Kaisers Mulay-Ismael hatten jeder seine Partei, was dann tatsächlich zu fünfzig Bürgerkriegen führte, Schwarze gegen Schwarze, Schwarze gegen Braune, Braune gegen Braune, Mulatten gegen Mulatten. Da war ein unaufhörliches Gemetzel im ganzen weiten Reich.

Kaum waren wir ans Land gesetzt, als Schwarze einer Partei auftauchten, die der meines Seeräubers feindlich gesinnt war, um ihm seine Beute abzujagen. Nächst den Diamanten und dem Gold waren wir das Kostbarste, was er besaß. Ich wurde Zeugin eines Kampfes, wie Ihr ihn in Euren europäischen Himmelsstrichen niemals zu sehen bekommt. Die nördlichen Völker haben dazu nicht das hitzige Blut. Sie sind auch nicht der Raserei nach den Weibern verfallen, so wie sie in Afrika durchgängig ist. Euch Europäern scheint es, fließt Milch in den Adern; Vitriol und Feuer fließen in denen der Bewohner des Atlasgebirges und der umliegenden Länder. Mit der Raserei der dortigen Löwen, Tiger und Schlangen wurde darum gekämpft, wer uns haben sollte. Ein Maure packte meine Mutter beim rechten Arm, der Leutnant meines Kapitäns riß sie am linken zurück; ein Mohrensoldat nahm sie an einem Bein, einer unserer Piraten hielt sie am anderen. Unsere Mädchen fanden sich im Nu zwischen vier Soldaten hin und her gezerrt. Mein Kapitän hielt mich hinter seinem Rücken verborgen. Er hatte den Krummsäbel in der Faust und hieb alles nieder, was sich seiner Raserei in den Weg stellte. Am Ende sah ich alle unsere Italienerinnen und meine Mutter zerfetzt, zerhauen und geschlachtet von diesen Ungeheuern, die sich um sie stritten. Die Gefangenen, meine Gefährten, jene, die sie ergriffen hatten, Soldaten, Seeleute, Schwarze, Braune, Weiße, Mulatten und am Ende mein Kapitän, alles wurde hingemetzelt. Und ich blieb für tot auf einem Leichenhaufen liegen. Ähnliches spielte sich ab, wie man weiß, im Umkreis von mehr als dreihundert Meilen, ohne daß man aber darüber die fünf Gebete am Tag vergaß, die Mohammed vorgeschrieben hatte.

Mit vieler Mühe machte ich mich von der aufgehäuften Masse blutender Leichname fort und schleppte mich unter einen großen Orangenbaum an einem nahen Bach. Dort sank ich vor Schrecken, Mattigkeit, Entsetzen, Verzweiflung und Hunger nieder. Meine erschöpften Sinne ergaben sich alsbald einem Schlaf, der mehr Ohnmacht als Ruhe war. In diesem Zustand der Schwäche und der Fühllosigkeit zwischen Tod und Leben spürte ich mit einemmal, wie etwas auf mir lastete und sich auf meinem Leib zu schaffen machte. Die Augen aufschlagend, sah ich einen Weißen von gutem Aussehen, der seufzte und zwischen den Zähnen hervorstieß: ›O che sciagura d'essere senza coglioni!‹[31]

ZWÖLFTES KAPITEL

Fortsetzung der Geschichte vom Unheil der Alten

Überrascht und entzückt, meine Muttersprache zu hören, und nicht weniger erstaunt über die Worte, die dieser Mann hervorbrachte, antwortete ich ihm, es gebe größeres Mißgeschick als das, worüber er sich beklagte. In wenigen Worten schilderte ich ihm die Schrecken, die ich ausgestanden, und fiel abermals in Ohnmacht. Er trug mich in ein nahes Haus, ließ mich zu Bett legen und mir zu Essen geben, bediente mich, sprach mir Trost zu, sagte mir Schmeicheleien, daß er nie etwas so Schönes wie mich gesehen und noch nie dasjenige so sehr vermißt habe, was ihm niemand mehr zurückgeben könne. ›Ich bin in Neapel geboren‹, erzählte er, ›dort verschneidet man alle Jahr zwei- bis dreitausend Knaben; die einen sterben daran, die andern erlangen eine Stimme, schöner als die der Frauen, wieder andere werden Staatsmänner.³² Mir machte man die Schneidung mit großem Erfolg, und ich bin Sänger geworden in der Kapelle der Frau Fürstin von Palestrina.‹ – ›Bei meiner Mutter!‹ rief ich laut. – ›Bei Eurer Mutter!‹ rief er unter Tränen. ›Wie! Dann wärt Ihr die junge Prinzessin, die ich bis zu ihrem sechsten Lebensjahr erzog, und die damals schon versprach, so schön zu werden, wie Ihr jetzt seid?‹ – ›Die bin ich, und meine Mutter liegt vierhundert Schritt von hier in vier Stücke gehauen unter einem Haufen Toter …‹

Ich erzählte ihm dann alles, was mir widerfahren war; er erzählte mir auch seine Abenteuer und wie er von einer christlichen Macht³³ an den König von Marokko gesandt worden war, um mit diesem Herrscher einen Vertrag zu schließen, demgemäß man ihm Pulver, Kanonen und Schiffe liefern wollte, ihm damit zu helfen, den Handel der anderen Christen zu vernichten. ›Mein Auftrag ist ausgeführt‹, erklärte mir dieser ehrenwerte Eunuche, ›ich will mich in Ceuta einschiffen und werde Euch nach Italien zurückbringen, ma che sciagura d'essere senza coglioni!‹

Ich dankte ihm unter Tränen der Rührung, und statt mich nach Italien zu bringen, fuhr er mich nach Algier und verkaufte mich an den Dey dieser Provinz. Kaum war ich verkauft, als die Pest, nachdem sie in Afrika, Asien und Europa umgegangen war, anfing, in Algier zu wüten. Ihr habt Erdbeben erlebt, aber, mein Fräulein, hattet Ihr je die Pest?« – »Niemals, nein«, antwortete die Baroneß.

»Hättet Ihr sie je gehabt«, fuhr die Alte fort, »würdet Ihr zugeben, daß sie ein Erdbeben weit übertrifft. In Afrika ist sie sehr üblich. Ich wurde davon befallen. Stellt Euch diese Lage vor für die Tochter eines Papstes, fünfzehn Jahre alt, die innerhalb von drei Monaten Armut und Sklaverei erlitten, beinahe täglich genotzüchtigt wurde, ihre Mutter in vier Stücke gehauen sah, Hunger und Krieg ertrug und in Algier an der Pest sterben sollte. Ich starb indessen nicht. Mein Eunuche aber, der Dey und nahezu das ganze Serail von Algier gingen zugrunde.

Als die ersten Verwüstungen dieser grauenhaften Pest vorüber waren, verkaufte man die Sklaven des Dey. Mich kaufte ein Händler und brachte mich nach Tunis; er verkaufte mich einem anderen Händler, der mich nach Tripolis weiterverkaufte; von Tripolis wurde ich nach Alexandrien weiterverkauft, von Alexandrien nach Smyrna, von Smyrna nach Konstantinopel. Schließlich gehörte ich einem Janitscharen-Aga, der alsbald abkommandiert wurde, Asow gegen die Russen zu verteidigen, die es belagerten.[34]

Der Aga, ein Ehrenmann, führte sein ganzes Serail mit sich und quartierte uns in einem kleinen Schanzwerk an den mäotischen Sümpfen ein, unter Bewachung von zwei schwarzen Eunuchen und zwanzig Soldaten. Man tötete ungeheuer viele Russen, aber sie vergalten es uns reichlich. Asow wurde durch Feuer und Schwert verheert, und man verschonte weder Alter noch Geschlecht; nur unser kleines Schanzwerk hielt stand. Die Feinde wollten uns durch Hunger bezwingen. Die zwanzig Janitscharen hatten geschworen, sich niemals zu ergeben. In der äußersten Hungersnot und aus Angst, ihren Eid zu brechen, waren sie gezwungen, unsere beiden Eunuchen aufzuessen. Nach einigen Tagen beschlossen sie, die Frauen aufzuessen.

Wir hatten einen sehr frommen und mitleidigen Imam, der ihnen eine schöne Predigt hielt, durch die er sie überredete, uns nicht gänzlich zu töten. ›Schneidet jeder dieser Damen‹, so sagte er, ›nur eine Hinterbacke ab, dann werdet ihr reichlich zu essen haben; ist es erneut nötig, dann habt ihr noch einmal so viel in einigen Tagen; der Himmel wird solch barmherziges Handeln wohl aufnehmen, und ihr seid gerettet.‹

Er war von großer Beredsamkeit; er überzeugte sie. Man unterzog uns diesem schrecklichen Schnitt. Der Imam trug uns denselben Balsam auf, den man bei den frisch beschnittenen Kindern gebrauchte. Wir waren alle dem Tode nah.

Kaum hatten die Janitscharen ihre Mahlzeit verzehrt, die wir ihnen geliefert hatten, als die Russen auf Flachbooten heranrückten; diesmal entkam keiner der Janitscharen. Die Russen nahmen nicht die geringste Rücksicht auf den Zustand, in dem wir uns befanden. Allerorten findet man ja französische Wundärzte: einer von ihnen, der sehr geschickt war, trug Sorge für uns; er heilte uns, und ich werde mich mein Lebtag daran erinnern, denn als sich die Wunden geschlossen hatten, machte er mir Anträge. Im übrigen meinte er, wir alle sollten uns darüber hinwegtrösten, bei zahlreichen Belagerungen, versicherte er, seien ähnliche Dinge vorgekommen und solches sei das Gesetz des Krieges.

Sobald meine Gefährtinnen gehen konnten, hieß man sie nach Moskau aufbrechen. Ich fiel einem Bojaren als Anteil zu, der mich zu seiner Gärtnerin machte und mir alle Tage zwanzig Hiebe mit dem Ochsenziemer gab. Da dieser große Herr aber zwei Jahre später mit dreißig anderen Bojaren einer Händelei bei Hofe wegen gerädert wurde, machte ich mir diesen Zufall zunutze und floh. Ich durchquerte ganz Rußland, war lange Wirtshausmagd in Riga, darauf in Rostock, Wismar, Leipzig und Kassel, in Utrecht, Leyden, Den Haag und Rotterdam. In Elend und Schande bin ich alt geworden, habe nur noch einen halben Hintern und denke stets daran, daß ich die Tochter eines Papstes bin. Hundert Mal wollte ich mich umbringen, aber ich hing noch immer am Leben. Diese lachhafte Schwäche ist vielleicht eine unserer unheilvollsten Neigungen, denn gibt es etwas Einfältigeres, als unaufhörlich eine Bürde tragen zu wollen, die man immer wieder zu Boden werfen möchte? Sein Dasein zu verabscheuen und festzukleben an seinem Dasein? Kurz, die Schlange zu hegen und zu pflegen, die an uns nagt, bis sie uns das Herz abgefressen hat?

In den Ländern, die mich das Schicksal durchstreifen ließ, in den Wirtshäusern, in denen ich diente, habe ich eine Unzahl von Leuten gesehen mit Abscheu vor ihrem Dasein, aber nur ein Dutzend habe ich erlebt, die ihrem Elend freiwillig ein Ende gemacht haben: drei Neger, vier Engländer, vier Genfer und einen deutschen Professor namens Robeck.[35] Schließlich bin ich Magd bei dem Juden Don Issachar geworden. Er gab mich Euch bei, schönes Fräulein; ich hing Euch an, und an Eurem Schicksal war mir mehr gelegen als an meinem eigenen. Ich hätte Euch gleichwohl nie von meinen Mißgeschicken gesprochen, wenn Ihr mich nicht ein wenig gekränkt hättet, und wenn es an Bord nicht üblich wäre, Geschichten zu erzählen, um sich die Zeit zu vertreiben. Schließlich und endlich, mein Fräulein, habe ich Erfahrung und kenne die Welt, macht Euch nur den Spaß und beredet jeden Mitreisenden, Euch seine Geschichte zu erzählen; und findet sich darunter ein einziger, der sein Leben nicht schon oft verfluchte, der sich nicht schon oft bei sich sagte, er sei der unglücklichste aller Menschen, dann werft mich ruhig kopfüber ins Meer.«

DREIZEHNTES KAPITEL

Wie Candide genötigt wurde, sich von der schönen Kunigunde und der Alten zu trennen

Sobald die schöne Kunigunde die Geschichte der Alten gehört hatte, erwies sie ihr alle Höflichkeiten, die man einer Person ihres Ranges und ihrer Verdienste schuldete. Sie nahm ihren Vorschlag auf und bewog jeden Mitreisenden, einen nach dem anderen, seine Abenteuer zu erzählen. Candide und sie mußten eingestehen, daß die Alte recht hatte. »Es ist jammerschade«, sagte Candide, »daß der weise Pangloß entgegen jedem Brauch bei einem Autodafé gehenkt wurde. Er würde uns Wunderbares dartun über das physische Übel und das moralische Übel, die sich über Land und Meer ausbreiten, und ich fühlte mich stark genug, zu wagen, ihm ehrerbietigst einige Einwände zu machen.«

Wie nun jeder so seine Geschichte erzählte, fuhr das Schiff dahin. Man legte in Buenos Aires an. Kunigunde, der

Hauptmann Candide und die Alte begaben sich zum Gouverneur Don Fernando d'Ibaraa y Figueora y Mascarenes y Lampourdos y Souza. Dieser hohe Herr besaß einen Stolz, der einem Mann mit so vielen Namen angemessen war. Zu allen Leuten sprach er mit der allervornehmsten Geringschätzung, trug dabei die Nase so hoch, erhob die Stimme so schonungslos, in einem solch gebieterischen Ton, verbunden mit solch hochmütiger Haltung, daß alle, die ihn begrüßen kamen, versucht waren, ihn durchzuprügeln. Er liebte die Frauen bis zur Raserei. Kunigunde erschien ihm als das Schönste, was er je gesehen hatte. Als erstes fragte er, ob sie nicht die Frau des Hauptmanns sei. Die Art, in der er dies tat, beunruhigte Candide. Er wagte nicht zu behaupten, sie sei seine Frau, da sie es in der Tat nicht war; er wagte nicht zu sagen, sie sei seine Schwester, da sie auch das nicht war, und obwohl diese Notlüge bei den Alten einstmals sehr im Schwange gewesen ist und ihm auch bei den Heutigen hätte zustatten kommen können, war seine Seele doch zu rein, um die Wahrheit zu leugnen.[36] »Fräulein Kunigunde«, sagte er denn, »wird mir die Ehre erweisen, mich zu heiraten, und wir ersuchen Eure Exzellenz, uns gütigst zu gewähren, unsere Eheschließung vorzunehmen!«

Don Fernando d'Ibaraa y Figueora y Mascarenes y Lampourdos y Souza strich seinen Knebelbart auf, lächelte säuerlich und befahl dem Hauptmann Candide eine Musterung seiner Kompanie. Candide gehorchte, der Gouverneur blieb mit Fräulein Kunigunde allein. Er erklärte ihr seine Leidenschaft, beteuerte, sie anderntags zu heiraten im Angesicht der Kirche, oder sonstwie, gerade wie es ihrem holden Liebreiz gefalle. Kunigunde erbat eine Viertelstunde, sich zu besinnen, die Alte zu befragen und sich zu entscheiden.

Die Alte sagte zu Kunigunde: »Mein Fräulein, Ihr habt

zweiundsiebzig Ahnen und nicht einen Heller. Es hängt nur von Euch ab, ob Ihr die Frau des größten Herrn des südlichen Amerika werdet, der doch einen sehr schönen Knebelbart hat; ist es da Eure Sache, Euch eine Ehre zu machen aus einer Treue, die über jeden Verdacht erhaben ist? Ihr seid von den Bulgaren genotzüchtigt, ein Jude und ein Inquisitor besaßen Eure Gunst: Unglück verschafft einem Rechte. Ich bekenne, daß ich an Eurer Stelle keinerlei Bedenken trüge, den Herrn Gouverneur zu heiraten und das Glück des Herrn Hauptmann Candide zu machen.« Während die Alte so mit all der Klugheit des Alters und der Erfahrung sprach, sah man ein kleines Schiff in den Hafen einlaufen; an Bord hatte es einen Alcalden und Alguazile.[37] Zugetragen hatte sich folgendes.

Die Alte hatte sehr richtig vermutet, daß es ein weitärmliger Franziskaner war,[38] der in Bajadoz das Geld und den Schmuck Kunigundens stahl, während ihrer hastigen Flucht mit Candide. Dieser Mönch hatte einige der Edelsteine an einen Juwelier verkaufen wollen. Der Händler erkannte die Steine als die des Großinquisitors wieder. Bevor er gehenkt wurde, gestand der Franziskaner, sie gestohlen zu haben; er gab die Personen an und den Weg, den sie genommen. Die Flucht Kunigundes und Candides war schon offenbar. Man folgte ihnen nach Cadix, man schickte ihnen, ohne Zeit zu verlieren, ein Schiff hinterher. Da war das Schiff schon im Hafen von Buenos Aires. Das Gerücht verbreitete sich, ein Alcalde werde an Land gehen, und daß man die Mörder des Herrn Großinquisitor verfolge. Die kluge Alte erkannte im Nu, was zu tun war. »Ihr könnt nicht fliehen«, sagte sie zu Kunigunde, »und Ihr habt auch nichts zu fürchten; Ihr habt ja den hochwürdigen Herrn nicht umgebracht, überdies wird der Gouverneur, da er Euch liebt, nicht leiden, daß man Euch übel behandelt; bleibt hier.« Stehenden Fußes eilte sie zu Candide: »Flieht«, sagte sie, »oder man verbrennt Euch in einer Stunde.« Da war kein Augenblick zu verlieren; wie aber konnte er sich von Kunigunde trennen, und wohin sollte er fliehen?

VIERZEHNTES KAPITEL

Wie Candide und Cacambo bei den Jesuiten von Paraguay aufgenommen wurden

Candide hatte von Cadix einen Diener mitgenommen, wie man sie an den Küsten Spaniens und in den Kolonien häufig findet. Er war zu einem Viertel Spanier, Sohn eines Mestizen aus Tucuman. Er war Chorknabe, Mesner, Bootsmann, Mönch, Bote, Soldat und Lakai gewesen. Er nannte sich Cacambo und liebte seinen Herrn sehr, weil sein Herr ein sehr guter Mensch war. Er sattelte schnellstens die beiden Andalusier. »Fort, Herr, folgen wir dem Rat der Alten, brechen wir auf und eilen wir, ohne uns umzusehen.« Candide vergoß Tränen. »O liebste Kunigunde! Da muß ich Euch verlassen, wo gerade der Herr Gouverneur zu unserer Hochzeit rüstet! Kunigunde, aus solcher Ferne hierhergebracht, was wird mit Euch werden?« – »Laßt mit ihr werden, was will«, sagte Cacambo. »Die Frauen sind niemals um sich selbst in Verlegenheit, da ist Gott vor. Fort mit uns.« – »Wohin bringst du mich? Wo reiten wir hin? Was sollen wir anfangen ohne Kunigunde?« fragte Candide. »Beim Heiligen Jakob von Compostella«, sagte Cacambo, »Ihr solltet doch Krieg gegen die Jesuiten führen, nun führen wir eben Krieg für sie: Ich kenne Weg und Steg, ich bringe Euch in ihr Königreich; sie werden entzückt sein über einen Hauptmann, der sich auf das bulgarische Exerzieren versteht; Ihr werdet gewaltigen Reichtum erwerben; kommt man in der einen Welt nicht auf seine Kosten, dann eben in einer anderen. Es ist sehr vergnüglich, Neues zu sehen und zu unternehmen.«

»Du warst demnach schon in Paraguay?« fragte Candide. »Ja, freilich!« sagte Cacambo, »ich war Küchenjunge im Kollegium in Asunción, und ich kenne das Regierungsgebiet der Los Padres so gut wie die Straßen von Cadix. Ihr Staat ist bewundernswert. Das Königreich[39] mißt bereits über dreihundert Meilen im Durchmesser und ist in dreißig Provinzen unterteilt. Los Padres besitzen dort alles und die Völker nichts; es ist das Meisterwerk an Vernunft und Gerechtigkeit. Ich selbst kenne nichts Göttlicheres als Los Padres. Hierzulande bekriegen sie den König von Spanien und den König von Portugal, und in Europa hören sie ihnen die Beichte; hier schießen sie die Spanier tot und beten sie in Madrid in den Himmel: das entzückt mich nun einmal, aber eilen wir uns! Ihr sollt da der glücklichste aller Menschen werden. Wie sich Los Padres freuen werden, wenn sie erfahren, daß ein Hauptmann zu ihnen kommt, der sich auf das bulgarische Exerzieren versteht!«

Sobald sie an den ersten Schlagbaum gekommen waren, sagte Cacambo zum Vorposten, ein Hauptmann wolle den hochlöblichen Herrn Kommandanten sprechen. Man benachrichtigte die Hauptwache. Ein paraguayischer Offizier lief sporenstreichs vor den Kommandanten, die Neuigkeit zu melden. Zunächst entwaffnete man Candide und Cacambo und nahm ihre beiden Andalusier in Beschlag. Die beiden Fremden wurden durch zwei Reihen Soldaten geführt; der Kommandant stand an deren Ende, auf dem Kopf den dreieckigen Pfaffenhut, den Talar aufgeschürzt, den Degen gegürtet, das Sponton[40] in der Hand. Auf seinen Wink scharten sich vierundzwanzig Soldaten um die beiden Ankömmlinge. Ein Unteroffizier hieß sie warten, der Kommandant dürfe nicht mit ihnen sprechen, der Hochwürdige Pater Provinzial erlaube es nicht anders, als daß jeglicher Spanier nur in seiner Gegenwart den Mund auftue und nur drei Stunden im Lande verweile. »Und wo ist der Hochwürdige Pater Provinzial?« fragte Cacambo. »Hochwürden hält jetzt, nachdem er die Messe gelesen, die Parade ab«, antwortete der Unteroffizier, »Ihr werdet schwerlich vor drei Stunden seine Sporen küssen können.« – »Aber«, versetzte Cacambo, »der Herr Hauptmann, welcher Hungers stirbt, wie ich auch, ist kein Spanier, er ist Deutscher, könnten wir denn nicht ein wenig zu essen bekommen, während wir Seine Hochwürden erwarten?«

Der Unteroffizier begab sich stehenden Fußes zum Kommandanten, Bericht zu erstatten. »Gott sei gelobt!« sagte dieser Herr, »da er nun Deutscher ist, kann ich mit ihm sprechen, man führe ihn in meine Laubhütte.« Sogleich führte man Candide in ein Gartenhaus im Grünen, mit einem sehr hübschen Säulengang aus grüngoldenem Marmor und einem Gitterwerk, das Papageien, Honigsauger, Kolibris, Perlhühner und allerlei seltenste Vögel umgab. In goldenen Schüsseln stand ein vorzügliches Mahl bereit, und während die Paraguayer auf freiem Feld in sengender Sonne Mais aus Holznäpfen aßen, trat der Hochwürdige Pater Kommandant in die Laubhütte.

Er war ein sehr schöner junger Mann, mit vollem Gesicht von recht heller Farbe, rotwangig, mit aufgestrichenen Brauen, lebhaftem Blick, roten Ohren, purpurnen Lippen, von stolzem Gebaren, einem Stolz allerdings, wie er weder einem Spanier noch einem Jesuiten eigen ist. Gleich gab man Candide und Cacambo ihre Waffen zurück, die man ihnen weggenommen hatte, ebenso wie die beiden Andalusier. Cacambo gab ihnen bei der Laubhütte gleich Hafer und behielt sie im Auge, aus Sorge vor einer Überraschung.

Zuvörderst küßte Candide dem Kommandanten den Saum seines Talars, worauf sie sich zu Tische begaben. »So seid Ihr also Deutscher?« fragte der Kommandant in dieser Sprache. – »Ja, Hochwürdiger Pater«, sagte Candide. Einer wie der andere schauten sich bei diesen Worten an mit ungemeinem Erstaunen und einer Bewegung, der sie nicht Herr wurden. »Und aus welcher Gegend Deutschlands stammt Ihr?« fragte der Jesuit. – »Aus dem garstigen Westfalen; ich bin auf dem Schloß von Thunder-ten-tronckh geboren.« – »Himmel, ist's möglich?« rief der Kommandant laut. »Was für ein Wunder!« rief Candide aus. »So wärt Ihr es?« sagt der Kommandant. – »Das ist nicht möglich«, sagt Candide. Dann sinken beide rücklings hin, umarmen sich, vergießen Ströme von Tränen. »Was! Wärt Ihr es, mein Hochwürdiger Pater? Ihr, der Bruder der schönen Kunigunde! Ihr, den die Bulgaren getötet haben! Ihr, der Sohn des Herrn Baron! Ihr, Jesuit in Paraguay! Es ist schon ein absonderlich Ding, diese Welt. O Pangloß! Pangloß! Was würdet Ihr Euch jetzt freuen, wärt Ihr nicht gehängt worden!«

Der Kommandant hieß die Negersklaven und Paraguayer gehen, die ihnen in Becher aus Bergkristall ausschenkten. Er dankte tausendmal Gott und dem Heiligen Ignatius. Er schloß Candide wieder in seine Arme, ihre Gesichter waren in Tränen gebadet. »Ihr wäret noch fassungsloser, noch ergriffener, weit mehr außer Euch, wenn ich Euch sagte, daß Fräulein Kunigunde, Eure Schwester, die Ihr entleibt wähntet, wohlauf ist.« – »Wo?« – »Ganz in Eurer Nähe beim Herrn Gouverneur von Buenos Aires; und ich kam hierher, gegen Euch Krieg zu führen.« Jedes Wort, das in dieser langen Unterhaltung zwischen ihnen fiel, häufte Wunder auf Wunder. Sie hatten ihr ganzes Herz auf der Zunge, es lauschte mit ihren Ohren und schimmerte aus ihren Augen. Als Deutsche, die sie waren, tafelten sie lange in Erwartung des Hochwürdigen Pater Provinzial; und der Kommandant sprach solchermaßen zu seinem lieben Candide.

FÜNFZEHNTES KAPITEL

Wie Candide den Bruder seiner teuren Kunigunde tötete

»Mir wird Zeit meines Lebens der schreckliche Tag in Erinnerung bleiben, da ich meinen Vater und meine Mutter getötet und meine Schwester genotzüchtigt sah. Als die Bulgaren abgezogen waren, fand sich meine liebenswerte Schwester nirgends mehr; meine Mutter, meinen Vater und mich, nebst zwei gleichfalls niedergemachten Mägden und drei Knaben legte man auf einen Karren, uns in einer Jesuitenkapelle zwei Meilen vom Schloß meiner Vorfahren zu beerdigen. Ein Jesuit besprengte uns mit Weihwasser, das schrecklich salzig war; einige Tropfen davon bekam ich ins Auge; der Pater bemerkte ein leises Zucken des Lids: er legte die Hand auf mein Herz und spürte es schlagen; ich war gerettet, und nach drei Wochen merkte man mir von alldem nichts mehr an. Ihr wißt ja, mein lieber Candide, daß ich sehr hübsch war, und ich wurde danach noch hübscher; auch der Hochwürdige Pater Kroust, Superior des Klosters, faßte für mich die allerzarteste Freundschaft; er kleidete mich als Novizen ein, und einige Zeit später wurde ich nach Rom gesandt. Der Pater General brauchte Nachschub an jungen deutschen Jesuiten. Die Landesherren von Paraguay nehmen so wenig spanische Jesuiten wie möglich auf, sie mögen fremde lieber, die sie glauben besser meistern zu können. Ich wurde vom Hochwürdigen Pater General für geeignet befunden, hinzugehen und in diesem Weinberg zu arbeiten. Wir reisten ab, ein Pole, ein Tiroler und ich. Bei meiner Ankunft wurde ich mit dem Subdiakonat und der Leutnantswürde beehrt; heute bin ich Oberst und Priester. Die Truppen des Königs von Spanien werden wir derb empfangen; ich bin Euch gut dafür, daß sie exkommuniziert und geschlagen werden. Die Vorsehung sendet Euch hierher, uns beizustehen. Aber ist es denn wahr, daß meine teure Schwester Kunigunde ganz in der Nähe beim Gouverneur von Buenos Aires ist?« – Candide schwor, es sei die reine Wahrheit. Und wieder begannen ihre Tränen zu fließen.

Der Baron wurde nicht müde, Candide zu umarmen; er nannte ihn seinen Bruder, seinen Retter. »Ach! Mein lieber Candide«, sagte er ihm, »vielleicht werden wir zusammen als Sieger in die Stadt einziehen können und meine Schwester zurückholen.« – »Das ist auch mein einziger Wunsch«, sagte Candide, »denn ich gedachte, sie zu heiraten, und hoffe noch immer darauf.« – »Frecher Bube!« gab ihm der Baron zurück, »Ihr besäßet die Unverschämtheit, meine Schwester zu heiraten, die zweiundsiebzig Ahnen aufzuweisen hat! Ich finde Euch ausgesprochen dreist, daß Ihr es wagt, zu mir von solch vermessenem Vorsatz zu sprechen.« Wie versteinert von solchen Worten gab Candide zurück: »Alle Ahnen der Welt, Ehrwürdiger Pater, kommen hierbei nicht in Betracht. Ich habe Eure Schwester aus den Armen eines Juden und eines Inquisitors befreit, sie ist mir genugsam verpflichtet, sie will mich heiraten. Meister Pangloß hat mir immer gesagt, alle Menschen seien gleich, und ich werde sie für gewiß heiraten.« – »Schuft! Das werden wir erst noch sehen!« rief der Jesuit und gab ihm dabei mit der flachen Klinge einen derben Hieb übers Gesicht. Im Nu zog Candide die seine und stieß sie dem Jesuitenbaron bis ans Heft in den Bauch; als er sie aber dampfend von Blut herauszog, begann er zu weinen: »Ach weh, mein Gott«, sprach er, »ich habe meinen ehemaligen Herrn getötet, meinen Freund, meinen Schwager; ich bin der gutherzigste Mensch von der Welt, und jetzt habe ich schon drei Menschen getötet, und von diesen dreien sind zwei Priester.«

Cacambo, der am Eingang der Laubhütte Schildwache stand, lief herbei. »Es bleibt uns nur übrig, unser Leben so teuer wie möglich zu verkaufen«, sagte ihm sein Herr, »vermutlich wird man in die Laubhütte eindringen, es heißt also mit der Waffe in der Hand sterben.« Cacambo, der schon ganz anderes erlebt hatte, verlor nicht den Kopf; er griff den Jesuitentalar, den der Baron trug, warf ihn Candide über, reichte ihm den eckigen Pfaffenhut des Toten und hieß ihn aufsitzen. Dies alles geschah in einem Augenblick. »Nun auf im Galopp, Herr; alle werden Euch für einen Jesuiten halten, der Befehle überbringt, und wir werden über der Grenze sein, bevor man uns nachsetzen kann.« Und bei diesen Worten flog er schon davon und schrie auf Spanisch: »Platz, Platz für den ehrwürdigen Pater Oberst.«

SECHZEHNTES KAPITEL

*Was den beiden Reisenden mit zwei Mädchen,
zwei Affen und den Wilden widerfuhr,
die Henkelohren heißen*[41]

Candide und sein Bedienter waren schon jenseits der Schlagbäume, und noch wußte niemand im Lager vom Tod des deutschen Jesuiten. Der umsichtige Cacambo hatte Sorge getragen, sein Felleisen mit Brot, Schokolade, Schinken, Früchten und einigen Maß Wein zu füllen. Mit ihren Andalusiern drangen sie tief in ein unbekanntes Land vor, in dem sie weder Weg noch Steg entdecken konnten. Endlich bot sich ihren Blicken eine schöne Aue dar, durchzogen von Bächen. Unsere beiden Reisenden lassen ihre Tiere weiden. Cacambo schlägt seinem Herrn vor, etwas zu essen, und geht ihm dabei mit gutem Beispiel voran. »Wie kannst du erwarten, daß ich Schinken esse«, meinte Candide, »wenn ich den Sohn des Herrn Baron umgebracht habe und nun dazu verurteilt bin, die schöne Kunigunde in meinem Leben nie wiederzusehen? Was soll es mir denn helfen, mein elendes Leben zu verlängern, muß ich es doch fern von ihr in Gewissensbissen und Verzweiflung dahinschleppen? Und was wird erst das Trévoux-Journal[42] dazu sagen?«

Indem er so sprach, ließ er nicht ab zu essen. Die Sonne ging unter. Die beiden Irrgänger hörten mit einemmal etliche schwache Schreie, die anscheinend von Frauen herrührten. Sie wußten nicht, ob es Schmerz- oder Lustschreie waren, sprangen aber gleich auf in Unruhe und Furcht, wozu in einem fremden Land alles Anlaß gibt. Das Geschrei kam von zwei splitternackten Mädchen, die leichtfüßig am Saum der Aue dahinliefen, während zwei Affen sie verfolgten und in die Hinterbacken bissen. Candide wurde darüber von Mitleid gerührt. Er hatte bei den Bulgaren schießen gelernt und hätte eine Nuß im Gesträuch getroffen, ohne auch nur die Blätter zu streifen. Er greift seine spanische Doppelflinte, schießt und streckt die zwei Affen nieder. »Gelobt sei Gott, mein lieber Cacambo! Ich habe diese beiden armen Wesen aus großer Gefahr befreit; wenn ich denn eine Sünde beging, als ich einen Inquisitor und einen Jesuiten umbrachte, so habe ich das wiedergutgemacht durch die Rettung der beiden Mädchen. Vielleicht sind das zwei Fräulein von Stand, und dies Abenteuer kann uns große Vorteile hier im Lande verschaffen.«

Er wollte so weiterreden, aber seine Zunge war wie gelähmt, als er jene beiden Mädchen die zwei Affen zärtlich umarmen sah, in Tränen über ihren Körpern zerfließen und die Luft mit Wehgeschrei erfüllen. »Auf soviel Herzensgüte war ich nicht gefaßt«, sagte er schließlich zu Cacambo, der ihm erwiderte: »Da habt Ihr aber ein schönes Meisterstück vollbracht, Herr; Ihr habt gerade die beiden Geliebten dieser Fräulein erschossen.« – »Ihre Geliebten? Ist das die Möglichkeit? Du machst dich lustig über mich, Cacambo; wie soll ich dir das denn glauben?« – »Mein lieber Meister«, gab Cacambo zurück, »Ihr wundert Euch auch immer über alles; warum findet Ihr es so seltsam, daß in einigen Ländern Affen die Gunst der Frauen erlangen? Sie sind zu einem Viertel Menschen, wie ich zu einem Viertel Spanier bin.« – »Ach ja«, gab Candide zurück, »mir fällt ein, von Meister Pangloß gehört zu haben, vor Zeiten sei Ähnliches vorgefallen und diese Vermischungen hätten Pane, Faune und Satyrn hervorgebracht, verschiedene große Männer des Altertums hätten welche gesehen, ich hielt das aber für Ammenmärchen.« – »Jetzt dürftet Ihr überzeugt sein«, sagte Cacambo, »daß es die Wahrheit ist, und Ihr seht, wie es unter Leuten zugeht, die einer gewissen Erziehung ermangeln; was ich nur fürchte, ist, daß die Fräulein uns böse Händel zuziehen.«

Diese triftigen Überlegungen bewogen Candide, die Aue zu verlassen und sich tief in ein Gehölz zu schlagen. Dort nahm er mit Cacambo sein Abendbrot ein, und nach reichlicher Verfluchung des Inquisitors von Portugal, des Gouverneurs von Buenos Aires und des Barons schliefen sie auf dem Moos ein. Beim Erwachen stellten sie fest, daß sie sich nicht mehr rühren konnten. Der Grund dafür war, daß die beiden Damen sie den Henkelohren angezeigt hatten, den Bewohnern des Landes, die sie nächtens mit Baststricken gefesselt hatten. So standen an die fünfzig Henkelohren um sie herum, alle nackt, bewaffnet mit Pfeilen, Keulen und Steinäxten: die einen brachten einen großen Kessel zum Kochen, andere bereiteten Bratspieße, und alle schrien: »Ein Jesuit, es ist ein Jesuit! Wir werden uns rächen und gut essen; es gibt Jesuit, es gibt Jesuit!«

»Hab ich es nicht gesagt, Herr«, rief Cacambo traurig, »daß uns die beiden Mädchen übel mitspielen würden?« Als Candide den Kessel und die Spieße gewahrte, schrie er auf: »So werden wir also gewiß gebraten oder gekocht. Ach! Was würde bloß Meister Pangloß sagen, sähe er, wie die reine Natur beschaffen ist. Alles ist zum besten; sei's drum, indes ist es schon sehr grausam, Fräulein Kunigunde verloren zu haben und von Henkelohren auf den Bratspieß gesteckt zu werden.« Cacambo verlor jedoch nie den Kopf. »Gebt die Sache noch nicht verloren«, sagte er zu dem betrübten Candide, »ich verstehe ein wenig das Kauderwelsch dieser Leute, ich werde zu ihnen reden.« – »Versäume nicht«, meinte Candide, »ihnen vorzustellen, daß es die abscheulichste Unmenschlichkeit ist, Menschen zu braten, und wie wenig christlich solches ist.«

»Meine Herren«, sagte Cacambo, »Ihr gedenkt also, heute einen Jesuiten zu verspeisen: Das ist sehr wohlgetan, es ist nur recht und billig, so mit seinen Feinden zu verfahren. Und in der Tat lehrt uns das Naturrecht, unseren Nächsten zu töten, und so verfährt man ja auch auf der ganzen weiten Welt. Wenn wir aber vom Recht, ihn aufzuessen, keinen Gebrauch machen, dann nur, weil wir anderweit gut zu essen haben; Ihr aber habt nicht die gleichen Hilfsmittel wie wir; sicher ist es besser, seine Feinde aufzuessen, als den Raben und Krähen die Früchte seines Siegs zu überlassen. Allein, meine Herren, Ihr werdet doch wohl nicht Eure Freunde aufessen. Ihr meint, einen Jesuiten auf den Spieß zu stecken, und dabei ist es Euer Verteidiger, der Feind Eurer Feinde, den Ihr rösten wollt. Ich selber bin aus Eurem Land gebürtig, der Herr, den ihr hier seht, ist mein Meister, und weit davon entfernt, Jesuit zu sein, hat er doch gerade erst einen Jesuiten getötet, er trägt nur die erbeuteten Kleider, und das ist auch der Grund für Euer Versehen. Wollt Ihr Euch von der Wahrheit meiner Worte überzeugen, nehmt den Talar, tragt ihn an den erstbesten Schlagbaum des Königreichs der Los Padres, und erkundigt Euch, ob mein Meister nicht einen Jesuitenoffizier getötet hat. Es braucht dafür wenig Zeit, Ihr könnt uns immer noch aufessen, wenn Ihr findet, daß ich Euch belogen habe. Habe ich aber die Wahrheit gesagt, so kennt Ihr nur zu gut die Regeln des Völkerrechts, die Sitten und Gesetze, um uns nicht Gnade widerfahren zu lassen.«

Die Henkelohren fanden diese Ansprache sehr vernünftig; sie ordneten zwei Notabeln ab, in aller Eile die Wahrheit zu erkunden; die beiden Abgeordneten entledigten sich ihrer Aufgabe als Männer von Geist und kehrten bald mit guter Nachricht zurück. Die Henkelohren banden ihre beiden Gefangenen los, erwiesen ihnen alle Arten von Höflichkeiten, boten ihnen Mädchen an, reichten ihnen Erfrischungen und geleiteten sie bis zu den Grenzen ihrer Staaten unter fortwährenden Freuderufen: »Er ist kein Jesuit, er ist kein Jesuit!«

Candide wurde gar nicht müde, die Ursache seiner Freigabe zu bewundern. »Welch ein Volk!« sagte er, »was für Menschen! Was für Sitten! Hätte ich nicht das Glück gehabt, dem Bruder Fräulein Kunigundes meinen Degen bis ans Heft in den Leib zu stoßen, wäre ich ohne Nachsicht aufgegessen worden. Aber, alles in allem ist die reine Natur doch gut,[43] wo mir doch diese Leute dort, anstatt mich aufzuzuessen, hunderte von Ehrerbietungen erwiesen, sobald sie erfuhren, daß ich kein Jesuit bin.«

SIEBZEHNTES KAPITEL

Ankunft Candides und seines Dieners im Lande Eldorado, und was sie dort sahen

Als sie an der Grenze der Henkelohren waren: »Ihr seht wohl ein«, sagte Cacambo zu Candide, »daß diese Hälfte der Erdkugel nicht mehr als die andere taugt: glaubt mir, laßt uns auf kürzestem Weg nach Europa zurückkehren.« – »Wie denn, dorthin zurückkehren?« fragte Candide, »und wohin gehen? Gehe ich in mein Land zurück: dort machen die Bulgaren und die Abaren alles nieder; kehre ich nach Portugal zurück, werde ich da verbrannt; bleiben wir in diesem Land hier, kann es uns jederzeit geschehen, am Bratspieß zu landen. Aber wie könnte, wie dürfte ich den Teil der Welt verlassen, den Fräulein Kunigunde bewohnt?«

»Wenden wir uns gen Cayenne«,[44] sagte Cacambo: »dort werden wir Franzosen finden, die ja in der ganzen Welt umherstreifen, sie werden uns helfen können. Gott wird sich vielleicht unser erbarmen.«

Es war nicht leicht, nach Cayenne zu kommen: sie wußten wohl beiläufig, welche Richtung zu nehmen war; aber Berge, Flüsse, Abgründe, Räuber und Wilde waren überall fürchterliche Hindernisse. Ihre Pferde gingen vor Erschöpfung ein, ihre Vorräte waren aufgezehrt; einen ganzen Monat lebten sie von wilden Früchten und fanden sich endlich an einem kleinen Gewässer, dessen Ufer von Kokospalmen gesäumt waren, die ihnen ihr Leben und ihre Hoffnungen erhielten.

Cacambo, der immer ebensoguten Rat wußte wie die Alte, sagte zu Candide: »Wir können nicht weiter, wir sind genug gelaufen; ich sehe ein leeres Kanu auf dem Ufer, das wollen wir mit Kokosnüssen füllen, uns in diesen kleinen Nachen werfen und mit der Strömung treiben lassen; ein Fluß führt immer zu bewohntem Ort. Finden wir nichts Angenehmes, so doch wenigstens Neues.« – »Na gut«, sagte Candide, »vertrauen wir uns der Vorsehung an.«

Sie trieben einige Meilen dahin zwischen bald blühenden, bald dürren, bald ebenen, bald schroffen Ufern. Der Fluß verbreiterte sich immer mehr; schließlich verlor er sich unter ein Gewölbe entsetzlicher, himmelaufragender Felsen. Die beiden Reisenden waren so beherzt, sich unter dem Gewölbe den Fluten zu überlassen. Der jetzt zusammengepreßte Strom riß sie fort mit rasender Schnelligkeit und unter schrecklichem Tosen. Nach vierundzwanzig Stunden sahen sie wieder Tageslicht, aber ihr Kanu zerschellte an den Felsklippen; eine ganze Meile hieß es, sich von Fels zu Fels weiterschleppen, schließlich tat sich vor ihnen ein unendlicher Horizont auf, besetzt mit unzugänglichen Gebirgen. Das Land war zur Freude wie zum Nutzen bestellt, allerorten war das Nützliche auch anmutig. Die Wege waren voll, oder besser geschmückt, mit Wagen von prächtiger Form und aus einem glänzenden Stoff, darin Frauen und Männer von einzigartiger Schönheit, rasch gezogen von großen, roten Hammeln, die an Geschwindigkeit die schönsten Pferde Andalusiens, Tetuans und Mequinez' übertrafen.

»Das hier ist einmal ein Land«, sagte Candide, »das besser ist als Westfalen.« Er machte mit Cacambo halt beim ersten Dorf, auf das sie stießen. Ein paar Dorfkinder, angetan mit völlig abgerissenem Goldbrokat, spielten Schusser am Eingang des Ortes, unsere beiden aus der anderen Welt sahen ihnen zum Zeitvertreib zu. Ihre Schusser waren ziemlich breite Rundstücke, gelb, rot und grün von einem einzigartigen Gleißen. Unsere Reisenden bekamen Lust, einige davon aufzuheben; es war Gold, es waren Smaragde, Rubine, von denen der geringste die Zierde am Thron des Großmoguls hätte sein können. »Dies sind gewiß die Söhne des Königs hier im Land, die Schusser spielen«, sagte Cacambo. In diesem Augenblick tauchte der Dorfschullehrer auf, um sie in die Schule zurückzuholen. »Und da haben wir den Prinzenerzieher der königlichen Familie«, meinte Candide.

Gleich gingen die zerlumpten Kinder vom Spiel und ließen dabei ihre Schusser und alles, womit sie gespielt hatten, auf der Erde liegen. Candide hebt sie auf, läuft zum Hofmeister und reicht sie ihm demütig dar, mit Gesten zu verstehen gebend, Ihro Königliche Hoheiten hätten dero Gold und Edelsteine vergessen. Der Dorfschullehrer warf sie mit einem Lächeln zu Boden, schaute Candide einen Augenblick voller Verwunderung an und ging seines Weges.

Die Reisenden säumten nicht, das Gold, die Rubine und die Smaragde aufzusammeln. »Wo sind wir bloß?« rief

Candide aus, »die Königskinder dieses Landes müssen sehr gut erzogen sein, da man sie lehrt, Gold und Edelsteine geringzuschätzen.« Cacambo war ebenso erstaunt wie Candide. Sie kamen schließlich an das erste Haus des Dorfes. Es war gebaut wie ein Palast in Europa. Eine Menge Leute drängte sich am Tor und mehr noch im Innern. Eine überaus anmutige Musik war zu hören, und ein köstlicher Duft kam aus der Küche. Cacambo näherte sich dem Tor und vernahm, daß man Peruanisch sprach, seine Muttersprache: Jedermann weiß ja, daß Cacambo in Tucuman geboren war, in einem Dorf, in dem man nur diese Sprache kannte. »Ich werde Euch als Dolmetsch dienen«, sagte er zu Candide, »gehen wir hinein, dies hier ist ein Wirtshaus.«

Den Augenblick luden sie zwei in Goldstoff gewandete Knaben und Mädchen, die Haare mit Bändern durchknüpft, an den Wirtstisch. Man trug vier Suppen auf mit je zwei Papageien als Zugehör, einen gekochten Kondor, der seine zweihundert Pfund wog, zwei gebratene Affen von vorzüglichem Geschmack, dreihundert Kolibris auf einer Platte und sechshundert Honigsauger auf einer anderen; erlesenes Gewürzfleisch, köstliches Backwerk; dies alles auf Platten aus einer Art Bergkristall. Die Jungen und Mädchen des Gasthofs schenkten verschiedene Getränke von Zuckerrohr aus.

Die anderen Gäste waren meistenteils Händler und Fuhrleute, alle von ausgesuchter Höflichkeit, die Cacambo mit der bedachtsamsten Zurückhaltung einige Fragen stellten und die seinen genugsam beantworteten.

Nach beendeter Mahlzeit glaubte Cacambo genau wie Candide, die Zeche reichlich zu bezahlen, indem er zwei der breiten Goldstücke, die sie aufgesammelt hatten, auf den Wirtstisch warf; der Wirt und die Wirtin lachten schallend und hielten sich lange die Seiten.

Endlich faßten sie sich wieder: »Ihr Herren«, sagte der Wirt, »man merkt wohl, daß Ihr fremd seid, wir sind an so etwas nicht gewöhnt. Vergebt uns, wenn wir lachten, als Ihr uns zur Bezahlung die Steine von der Landstraße angeboten habt. Ihr besitzt wohl kein hiesiges Geld, das aber braucht man auch nicht für eine Mahlzeit. Alle zur größeren Bequemlichkeit des Handels und Wandels eingerichteten Gasthäuser werden von der Regierung unterhalten. Ihr habt hier nicht gut gegessen, weil dies ein armes Dorf ist, aber überall sonst wird man Euch empfangen, wie es Euch zukommt.« Cacambo dolmetschte alles, was der Wirt gesagt hatte, und Candide hörte es mit derselben Verwunderung und Verwirrung, mit der sein Cacambo es ihm wiedergab. »Was ist dies bloß für ein Land?« sagte der eine zum anderen, »dem ganzen Rest der Welt unbekannt, wo die Natur von so anderer Art ist als die unsere? Womöglich ist dies das Land, wo alles gut ist, es muß nämlich unstreitbar so etwas geben. Und was Meister Pangloß auch immer darüber sagte, ich habe doch schon oft bemerkt, daß alles schlecht war in Westfalen.«

ACHTZEHNTES KAPITEL

Was sie im Lande Eldorado sahen

Cacambo ließ den Wirt seine ganze Neugier merken; der sagte zu ihm: »Ich bin ganz unwissend und ich befinde mich wohl dabei; aber wir haben hier einen Greis, der zurückgezogen vom Hofe lebt, er ist der gelehrteste und mitteilsamste Mensch des Königreichs.« Alsbald brachte er

Cacambo zu dem Alten. Candide spielte nur die zweite Rolle und begleitete seinen Diener. Sie traten in ein sehr einfaches Haus, denn die Tür war nur aus Silber und die Täfelung der Räume nur aus Gold, aber mit solchem Geschmack gearbeitet, daß es dem reichsten Täfelwerk nichts nachgab. Das Vorgemach war zwar nur mit Rubinen und Smaragden ausgelegt, aber die Anordnung des Ganzen machte diese äußerste Schlichtheit wieder wett.

Der Greis empfing die beiden Fremden auf einem Sofa, das mit Kolibrifedern gepolstert war, und ließ ihnen Getränke in diamantenen Gläsern reichen, worauf er ihre Wißbegierde mit folgenden Worten befriedigte:

»Ich bin einhundertzweiundsiebzig Jahre alt und habe von meinem verstorbenen Vater, dem Königlichen Stallmeister, von den erstaunlichen Umwälzungen erfahren, deren Zeuge er war. Das Königreich, in dem wir uns hier befinden, ist die alte Heimat der Inkas, die von hier höchst unweislich auszogen, einen Teil der Welt zu unterwerfen, und schließlich von den Spaniern vernichtet wurden.

Die Prinzen von Geblüt, die im Lande ihrer Geburt blieben, handelten weiser; sie verordneten im Einklang mit der Nation, daß kein einziger Bewohner jemals unser kleines Königreich verlassen sollte; und das hat uns unsere Unschuld und Glückseligkeit bewahrt. Die Spanier hatten nur eine dunkle Vorstellung von diesem Land; sie nannten es El Dorado, und vor ungefähr hundert Jahren ist uns ein Engländer, Ritter Raleigh mit Namen, sogar ziemlich nahe gewesen;[45] umgeben aber von unzugänglichen Felsen und Schluchten, sind wir bis auf den heutigen Tag in Sicherheit vor der Raubgier der europäischen Nationen, die eine so unbegreifliche Sucht nach den Kieseln und dem Kot unserer Erde haben, daß sie uns für deren Besitz bis auf den letzten Mann umbringen würden.«

Ihre Unterhaltung währte lange; die Rede war von der Regierungsform, den Sitten, den Frauen, den Schauspielen, den Künsten. Zu guter Letzt ließ Candide bei seiner immerwährenden Vorliebe für die Metaphysik durch Cacambo fragen, ob es hierzulande eine Religion gebe.

Der Greis errötete leicht. »Wie könnt Ihr denn daran zweifeln?« sagte er, »haltet Ihr uns für undankbar?« Cacambo fragte ergebenst, welche denn die Religion Eldorados sei? Der Greis errötete wieder. »Ja kann es denn zwei Religionen geben?« fragte er, »wir haben, meine ich, die Religion, die die ganze Welt hat. Wir beten zu Gott vom Abend bis zum Morgen.« – »Betet Ihr nur zu einem Gott?« fragte Cacambo, der immerfort den Zweifeln Candides als Dolmetsch diente. »Augenscheinlich«, sagte der Greis, »gibt es doch nicht zwei, drei oder vier davon. Ich muß gestehen, die Menschen Eurer Welt stellen recht sonderbare Fragen.« Candide wurde nicht müde, den guten Alten ausfragen zu lassen; er wollte nun wissen, wie man in Eldorado zu Gott bete. »Wir beten gar nicht zu ihm«, antwortete der gütige, ehrwürdige Weise, »wir haben ja nichts von ihm zu begehren, er hat uns doch alles gegeben, was wir brauchen; wir danken ihm ohne Unterlaß.« Neugierig wollte Candide Priester sehen; er ließ fragen, wo sie seien. Der gute Alte lächelte. »Liebe Freunde«, sagte er, »wir alle sind Priester; der König und alle Hausväter singen allmorgendlich feierliche Dankgesänge, und fünf- oder sechstausend Musiker begleiten sie.«

»Was? Dann habt Ihr gar keine Mönche, die dozieren, die disputieren, die regieren, die kabalieren und Leute, die nicht ihrer Meinung sind, verbrennen lassen?« – »Da müßten wir ja toll sein«, sagte der Greis, »wir sind hier alle der gleichen Meinung und wir verstehen gar nicht, was Ihr mit

Euren Mönchen sagen wollt.« Diese Reden bestärkten Candide in seiner Begeisterung noch, und er sagte bei sich: »Hier ist es doch recht verschieden von Westfalen und dem Schloß des Herrn Baron; wenn unser Freund Pangloß Eldorado gesehen hätte, dann würde er nicht mehr behauptet haben, das Schloß von Thunder-ten-tronckh sei das Schönste, was es auf Erden gibt. Eines steht fest: man muß auf Reisen gehen.«

Nach dieser ausgedehnten Unterhaltung ließ der gütige Greis sechs Hammel vor eine Kutsche spannen und gab den beiden Reisenden zwölf seiner Bedienten mit, sie zum Hofe zu geleiten. »Verzeiht«, sagte er zu ihnen, »wenn mein hohes Alter mich der Ehre beraubt, Euch zu begleiten. Der König wird Euch in einer Weise empfangen, die gewiß nicht Euer Mißvergnügen findet, und Ihr werdet es sicher den Sitten des Landes nachsehen, sollten Euch davon welche mißfallen.«

Candide und Cacambo besteigen die Kutsche; die sechs Hammel schienen zu fliegen, und in weniger als vier Stunden gelangte man zum Palast des Königs an einem Ende der Hauptstadt. Das Portal war zweihundertzwanzig Fuß hoch und hundert breit; es ist unmöglich anzugeben, woraus es bestand. Man ersieht daraus, welch außerordentliche Überlegenheit der Stoff besaß über die Kiesel und über den Sand, die bei uns *Gold* und *Edelstein* heißen.

Zwanzig schöne Mädchen der Garde empfingen Candide und Cacambo, als sie aus der Kutsche stiegen, und geleiteten sie ins Bad, kleideten sie in Gewänder aus Kolibridaunen, wonach die hohen Offizianten und die hohen Offiziantinnen der Krone sie zu den Gemächern Seiner Majestät führten, mitten durch zwei Reihen von je tausend Musikern, nach dem Landesbrauch. Als sie sich dem Thronsaal näherten, fragte Cacambo einen hohen Kronoffizianten, wie man sich beim Grüßen des Königs anzustellen habe; ob man sich auf die Knie niederlasse oder auf den Bauch werfe; ob man die Hände auf den Kopf oder auf den Hintern lege; ob man den Staub des Saales lecke – kurz, welches das Zeremoniell sei. »Brauch ist es«, sagte der Kronoffiziant, »den König zu umarmen und ihn auf beide Wangen zu küssen.« Candide und Cacambo fielen Seiner Majestät um den Hals, der sie mit aller nur vorstellbaren Huld empfing und sie höflich bat, mit ihm zu Abend zu speisen.

In der Zwischenzeit zeigte man ihnen die Stadt, die öffentlichen Gebäude, die bis in die Wolken ragten, die Märkte, geziert mit tausend Säulen, die Springbrunnen von kristallklarem Wasser, die Springbrunnen von Rosenwasser und jene von Zuckerrohrlikör, die unablässig sprudelten auf großen Plätzen, gepflastert mit einer Edelsteinart, die einen Duft verströmte ähnlich dem von Zimt und Gewürznelke. Candide bat darum, den Gerichtshof, das Parlament, zu sehen; man erklärte ihm, daß es so etwas nicht gebe und daß man nie Rechtshändel führe. Er erkundigte sich, ob es Gefängnisse gebe, und man verneinte es. Was ihn noch mehr verwunderte und ihm die allermeiste Freude bereitete, war der Palast der Wissenschaften, wo er eine zweitausend Schritt lange Galerie sah, ganz angefüllt mit mathematischen und physikalischen Gerätschaften.

Nachdem sie den ganzen Nachmittag hindurch ungefähr ein Tausendstel der Stadt durchstreift hatten, brachte man sie wieder zum König. Candide setzte sich zu Tisch zwischen Seiner Majestät, seinem Bedienten Cacambo und mehreren Damen. Nie speiste man erlesener, nie plauderte man geistreicher bei Tisch, als Ihre Majestät dies tat. Cacambo erklärte Candide die launigen Einfälle des Königs, und sie blieben sogar übersetzt witzig und geistreich. Von allem, was Candide erstaunlich fand, war dies nicht das Geringste, was ihn erstaunte.

Einen Monat brachten sie in dieser Gastlichkeit zu. Unablässig sagte Candide zu Cacambo: »Noch einmal, mein Freund, es bleibt dabei, das Schloß, in dem ich geboren bin, kommt dem Land nicht gleich, in dem wir hier sind; aber letztendlich ist Fräulein Kunigunde nicht hier, und auch du hast sicher irgendeine Geliebte in Europa. Bleiben wir hier, werden wir nur so sein wie die anderen auch, kehren wir dagegen mit nur zwölf Hammeln in unsere Welt zurück, beladen mit den Kieseln Eldorados, werden wir reicher sein als alle Könige zusammen, wir haben keine Inquisitoren mehr zu fürchten und können leichterhand Fräulein Kunigunde zurückbekommen.«

Solches gefiel Cacambo: wer mag nicht überall umherstreifen, sich bei den Seinen in Ansehen setzen, Staat machen mit allem, was er auf seinen Reisen gesehen hat? Und so beschlossen die beiden Glücklichen, es weiterhin nicht mehr zu sein und Ihre Majestät um den Abschied zu bitten.

»Ihr begeht eine Torheit«, sagte der König zu ihnen, »wohl weiß ich, daß mein Land nur Geringes vorstellt, wenn man sich aber irgendwo leidlich wohl befindet, soll man dort bleiben; ich habe ganz gewiß nicht das Recht, Fremde hier zurückzuhalten, das wäre eine Tyrannei, die nicht in unseren Sitten noch unseren Gesetzen liegt; alle Menschen sind frei; reiset also, wann immer es Euch gefällt, aber hinauszukommen ist recht schwierig. Es ist unmöglich flußaufwärts auf dem reißenden Fluß, der unter den Felsgewölben fließt und mit dem Ihr wie durch ein Wunder hierhergelangt seid. Die mein ganzes Königreich umgebenden Gebirge sind zehntausend Fuß hoch und steil wie Mauern; in ihrer Breite erstrecken sie sich über mehr als zehn Meilen, der Abstieg ist nur durch Schluchten möglich.

Da Ihr indessen schlechterdings abreisen wollt, werde ich den Verwaltern der Maschinen Anweisung geben, eine zu bauen, die Euch bequem hinüberträgt. Hat man Euch bis auf die andere Seite der Gebirge geleitet, wird niemand Euch begleiten können, denn meine Untertanen haben den Schwur abgelegt, ihre Einschließung niemals zu verlassen, und sie sind zu klug, ihren Schwur zu brechen. Im übrigen aber verlangt alles von mir, was Euch gefällt.« – »Wir erbitten von Eurer Majestät«, sagte Cacambo, »nur einige Hammel beladen mit Lebensmitteln, Kieseln und dem Straßenkot des Landes.« Der König lachte. »Ich begreife nicht«, sagte er, »welchen Geschmack Eure Leute in Europa an unserem gelben Straßendreck finden; aber nehmt immerhin soviel davon mit, wie Ihr wollt, und es möge Euch zum Wohle gereichen.«

Auf der Stelle gab er seinen Maschinenbaumeistern Anweisung, eine Maschine herzustellen, um diese beiden außerordentlichen Männer aus dem Königreich hinauszuwinden. Dreitausend gute Physiker machten sich an die Arbeit; sie war nach fünfzehn Tagen fertig und kostete nicht mehr als zwanzig Millionen Pfund Sterlingsilber, in der Landeswährung. Man setzte Candide und Cacambo auf die Maschine, wo auch zwei große rote Hammel waren, gesattelt und gezäumt, die ihnen jenseits der Berge als Reittiere dienen sollten, zwanzig Lasthammel mit Lebensmitteln beladen, dreißig, die Geschenke trugen, von dem, was das Land an Kostbarem und Seltenem besaß, und weitere fünfzig beladen mit Gold, Edelsteinen und Diamanten. Der König umarmte die beiden Landläufer zärtlich.

Welch herrliches Schauspiel wurde ihre Abreise, ebenso wie die sinnreiche Art, mit der sie hochgewunden wurden, sie und ihre Hammel, auf die Höhe der Berge. Die Physiker nahmen Abschied von ihnen, nachdem sie in Sicherheit gesetzt waren, und Candide war nur von dem einen Wunsch und dem einen Ziel besessen, seine Hammel Fräulein Kunigunde präsentieren zu können. »Wir haben jetzt genug«, meinte er, »den Gouverneur von Buenos Aires auszuzahlen, wenn es für Fräulein Kunigunde denn überhaupt einen Preis geben kann. Ziehen wir gen Cayenne, schiffen wir uns ein und dann sehen wir zu, welches Königreich wir kaufen können.«

NEUNZEHNTES KAPITEL

Was ihnen in Surinam widerfuhr und wie Candide mit Martin Bekanntschaft schloß

Der erste Tag war für unsere beiden Reisenden recht angenehm. Die Vorstellung, im Besitz größerer Schätze zu sein, als ganz Asien, Europa und Afrika aufbringen konnten, feuerte sie an. Candide schnitt ganz begeistert den Namen Kunigundes in die Baumrinden. Am zweiten Tag gerieten zwei ihrer Hammel in Sümpfe und wurden mitsamt ihrer Last verschlungen; zwei andere starben einige Tage später vor Erschöpfung; sechs oder sieben gingen dann in einer Wüste an Hunger ein; andere stürzten nach ein paar Tagen in Schluchten. Schließlich verblieben ihnen nach hundert Tagesreisen nur zwei Hammel. Candide sagte zu Cacambo: »Siehe Freund, so vergänglich sind die Reichtümer dieser Welt; es gibt nichts von Bestand als die Tugend und das Glück, Fräulein Kunigunde wiederzusehen.« – »Dem stimme ich zu«, sagte Cacambo, »noch bleiben uns aber zwei Hammel mit größeren Schätzen, als sie der König von Spanien je besitzen wird, und ich sehe in der Ferne eine Stadt, die ich für Surinam halte, ein holländischer Besitz. Wir sind am Ende unseres Leids und stehen am Beginn unserer Glückseligkeit.«

In der Nähe der Stadt stießen sie auf einen Neger, der am Boden lagerte, mit nichts als der Hälfte seiner Kleidung, will sagen, einer Hose von blauem Leinen; dem armen Mann fehlten das linke Bein und die rechte Hand.[46] »O mein Gott!« sagte Candide zu ihm auf holländisch, »was machst du denn hier, mein Freund, in solch schrecklichem Zustand?« – »Ich warte auf meinen Meister, Herrn Vankoop-Rijszaan, den berühmten Kaufmann.« – »Hat dich denn Herr Vankoop-Rijszaan so zugerichtet?« fragte Candide. »Ja, Herr«, antwortete der Neger, »das ist so Brauch. Zweimal jährlich gibt man uns als einziges Kleidungsstück eine Stoffhose. Wenn wir in der Zuckersiederei arbeiten und der Mühlstein erfaßt einen Finger, dann haut man uns die Hand ab; wenn wir fliehen wollen, hackt man uns das Bein ab: Ich befand mich in beiden Umständen. Das ist der Preis, zu dem Ihr in Europa Zukker eßt. Und dabei sagte meine Mutter zu mir, als sie mich an der Guinea-Küste für zehn patagonische Taler verkaufte: ›Mein liebes Kind, preise unsere Fetische, bete sie immerzu an, sie werden deinem Leben Glück bringen, du hast die Ehre, Sklave unserer weißen Herren zu sein und du machst dadurch das Glück deines Vaters und deiner Mutter.‹ Ach, leider weiß ich nicht, ob ich ihr Glück gemacht habe, aber sie haben das meine nicht gemacht. Die Hunde, die Affen und die Papageien sind tausendmal weniger unglücklich als wir. Die holländischen Fetische, die mich bekehrten, predigen mir jeden Sonntag, wir seien alle Kinder Adams, Weiße wie Schwarze. Ich bin ja kein Genealoge; doch wenn diese Prediger die Wahrheit sagen, dann sind wir alle Geschwisterkinder. Nun werdet Ihr mir zugeben, daß man mit seinen Verwandten schrecklicher wohl nicht umgehen kann.«

»O weh, Pangloß!« schrie Candide auf, »solche Greuel hattest du nicht vorhergesehen; jetzt ist es ausgemacht, ich muß schließlich und endlich deinen Optimismus fahren lassen.« – »Was ist das, Optimismus?« fragte Cacambo. »Ach!« antwortete Candide, »das ist der blinde Wahn, zu behaupten, alles sei gut, auch wenn es einem schlecht ergeht.« Und er ließ seinen Tränen ihren Lauf beim Betrachten des Negers, und unter Tränen betrat er Surinam.

Zuallererst erkundigen sie sich, ob im Hafen kein Schiff liege, das man nach Buenos Aires schicken konnte. Der, an den sie sich wandten, war nun just ein spanischer Schiffer, der ihnen einen ehrlichen Handel anbot. Er bestellte sie in eine Schenke. Candide und der treue Cacambo erwarteten ihn dort mit ihren zwei Hammeln.

Candide, der das Herz auf der Zunge trug, erzählte dem Spanier alle seine Abenteuer und vertraute ihm an, daß er Fräulein Kunigunde entführen wolle. »Ich werde mich wohl hüten, Euch nach Buenos Aires zu bringen«, sagte der Schiffer, »ich würde gehängt und Ihr ebenso. Die schöne Kunigunde ist die Lieblingsmätresse des Gnädigen Herrn.« Das traf Candide wie ein Schlag aus heiterem Himmel, er weinte lange; endlich zog er Cacambo auf die Seite: »Höre, mein Lieber, was du jetzt tun mußt. Wir haben jeder für fünf oder sechs Millionen Diamanten in unseren Taschen; du bist geschickter als ich, geh und hole Fräulein Kunigunde aus Buenos Aires heraus: Macht der Gouverneur irgend Schwierigkeiten, gib ihm eine Million, gibt er nicht nach, biete ihm zwei; du hast keinen Inquisitor umgebracht, dich beargwöhnt man nicht. Ich werde ein anderes Schiff ausrüsten; ich erwarte dich in Venedig. Das ist ein freier Staat, in dem man nichts zu fürchten hat, weder Bulgaren, noch Abaren, weder Juden, noch Inquisitoren.«

Diese weise Entscheidung fand Cacambos Beifall. Zwar bedauerte er sehr, sich von einem guten Meister zu trennen, der sein inniger Freund geworden, aber die Freude, sich ihm nützlich zu erweisen, überwog den Schmerz, ihn zu verlassen. Sie umarmten sich unter Tränen. Candide legte ihm ans Herz, die gute Alte nicht zu vergessen. Cacambo reiste noch denselben Tag ab; ein wirklich aufrechter Mann, dieser Cacambo.

Candide blieb noch eine Zeit in Surinam und wartete, daß ein anderer Schiffer ihn nach Italien bringe, ihn und die beiden Hammel, die ihm verblieben waren. Er nahm sich Bediente und kaufte alles zu einer langen Reise Nötige; schließlich suchte ihn Herr Vankoop-Rijszaan auf, der Eigner eines großen Schiffes. »Was veranschlagt Ihr dafür«, fragte er diesen, »mich geraden Wegs nach Venedig zu bringen, mich, meine Leute, mein Gepäck und die zwei Hammel da?« Der Schiffer wurde mit ihm für zehntausend Piaster handelseinig. Candide zögerte nicht.

»Oho«, sagte sich der schlaue Vankoop-Rijszaan, »dieser Fremde zahlt zehntausend Piaster auf einen Satz! Der muß ja sehr reich sein.« Einen Augenblick später kam er zurück und gab zu verstehen, daß er nicht unter zwanzigtausend ablegen könne. »So sei es! Ihr werdet sie bekommen«, sagte Candide.

»Potztausend!« sagte der Kaufmann leise für sich, »dieser Mann legt zwanzigtausend Piaster genauso leicht hin wie zehntausend.« Wieder kam er zurück und erklärte, ihn nicht nach Venedig bringen zu können für weniger als dreißigtausend Piaster. »Dann sollt Ihr also dreißigtausend haben«, antwortete ihm Candide.

»Ei, ei, ei!« sagte sich der Holländer ein weiteres Mal,

»dreißigtausend sind für diesen Mann auch kein Geld; wahrscheinlich tragen die beiden Hammel ungeheure Schätze, dann wollen wir nicht länger darauf dringen, lassen wir ihn zunächst einmal die dreißigtausend Piaster zahlen, und dann sehen wir weiter.« Candide verkaufte zwei kleine Diamanten, von denen der kleinere mehr wert war als die ganze Summe, die der Schiffer forderte. Er bezahlte ihn im voraus. Die beiden Hammel wurden verladen. Candide folgte in einem kleinen Boot, um an der Reede an Bord zu gehen; der Schiffer nutzt die Gelegenheit, setzt die Segel, sticht in See; der Wind begünstigt ihn. Wie betäubt vor Schreck, verliert Candide ihn bald aus den Augen. »Ach!« rief er, »wieder ein Streich, würdig der Alten Welt.« Er macht kehrt zum Ufer, in Schmerz versunken, denn immerhin hätte das, was er verlor, den Reichtum von zwanzig Monarchen ausgemacht.

Er begibt sich zum holländischen Richter; und da er ein wenig durcheinander ist, klopft er heftig an die Pforte; er tritt ein, stellt dar, was sich zugetragen, und schreit ein bißchen lauter herum, als es sich schickte. Der Richter ließ ihn zunächst zehntausend Piaster zahlen für den unangebrachten Lärm. Drauf hörte er geduldig zu, versprach ihm, seiner Sache nachzugehen, sobald der Kaufmann zurück sei, und ließ sich weitere zehntausend Piaster Gebühren für die Anhörung zahlen.

Über diesem Verfahren wollte Candide nun vollends verzweifeln. Er hatte ja wahrlich schon tausendfach schmerzhaftere Unbill erfahren, aber des Richters Kaltblütigkeit und die des Schiffers, der ihn bestohlen, ließ ihm die Galle steigen und er verfiel in finstere Schwermut. Die Bösartigkeit der Menschen stand ihm in ihrer ganzen Häßlichkeit vor Augen; er gab sich nur noch traurigen Gedanken hin. Schließlich stand die Abfahrt eines französischen Schiffes nach Bordeaux kurz bevor, und da er keine mit Diamanten beladenen Hammel mehr einzuschiffen hatte, mietete er zu günstigem Preis eine Kammer auf dem Schiff und ließ in der Stadt bekannt machen, er zahle Überfahrt, Kost und zweitausend Piaster einem rechtschaffenen Mann, der mit ihm die Reise unternehme, vorausgesetzt, dieser Mann sei seiner Lage aufs höchste überdrüssig und der unglücklichste Mensch der Provinz.

Es meldete sich eine solche Menge Anwärter, daß eine ganze Flotte für sie nicht ausgereicht hätte. Candide wollte unter den ansehnlichsten wählen, er sonderte zwanzig Personen aus, die ihm recht gesellig vorkamen und sämtlich Anspruch darauf machten, den Vorzug zu verdienen. Er versammelte sie in seinem Gasthaus, ließ ihnen ein Abendbrot geben unter der Bedingung, daß jeder schwöre, getreulich seine Geschichte zu erzählen, versprach, den auszuwählen, der ihm der Beklagenswerteste erscheine und wirklich Ursache habe, mit seiner Lage am unzufriedensten zu sein, und allen anderen wollte er ein Trostgeld geben.

Die Zusammenkunft dauerte bis vier Uhr morgens. Candide hörte all ihren Abenteuern zu und entsann sich wieder, was ihm die Alte auf der Fahrt nach Buenos Aires gesagt, und der Wette, die sie gehalten hatte, daß es niemanden auf dem Schiff gebe, dem nicht allergrößtes Unglück widerfahren sei. Er dachte an Pangloß bei jedem Abenteuer, das man ihm erzählte. »Dieser Pangloß«, sagte er sich, »wäre in arger Verlegenheit, sein System zu begründen. Ich wollte, er wäre jetzt hier. Gewiß ist: wenn etwas zum besten steht, dann ist dies in Eldorado und nicht im Rest der Welt.« Schließlich entschied er sich zugunsten eines armen Gelehrten, der zehn Jahre für die Amsterdamer Buchhändler gearbeitet hatte. Er fand, es gebe kein Gewerbe auf der Welt, von dem man mehr angeekelt sein könne.

Dieser Gelehrte war im übrigen ein braver Mann, bestohlen von seiner Frau, verprügelt von seinem Sohn und von seiner Tochter im Stich gelassen, die sich von einem Portugiesen entführen ließ. Er hatte gerade eine kleine Anstellung verloren, die ihm ein kümmerliches Auskommen gesichert, und die Prädikanten Surinams verfolgten ihn, weil sie ihn für einen Sozinianer[47] hielten. Zugegebenermaßen waren die anderen mindestens ebenso unglücklich wie er, aber Candide hoffte, dieser Gelehrte werde ihm auf der Reise die Langeweile vertreiben. Alle seine anderen Mitbewerber fanden, Candide erweise ihnen großes Unrecht, er beschwichtigte sie aber, indem er jedem hundert Piaster gab.

ZWANZIGSTES KAPITEL

Was Candide und Martin auf See widerfuhr

Der alte Gelehrte, mit Namen Martin, schiffte sich also mit Candide nach Bordeaux ein. Der eine wie der andere hatte viel erlebt und viel erlitten, und wenn das Schiff von Surinam nach Japan am Kap der Guten Hoffnung hätte vorbeisegeln müssen, dann wäre ihnen auf der ganzen Reise genug zum Unterhalten geblieben über das moralische und das physische Übel in der Welt.

Eines hatte Candide indessen dem Martin voraus, er hoffte immer noch, Fräulein Kunigunde wiederzusehen, während Martin nichts zu erhoffen hatte; überdies besaß er

Gold und Diamanten; und obgleich er hundert große rote Hammel beladen mit den größten Reichtümern der Welt verloren hatte, obgleich ihm die Betrügerei des holländischen Schiffers noch immer auf der Seele lag, so neigte er, wenn er daran dachte, was ihm in den Taschen verblieben war, und wenn er von Kunigunde sprach, besonders nach einer Mahlzeit, gleichwohl dem System des Pangloß zu.

»Nun denn, Herr Martin«, sagte er zu dem Gelehrten, »was haltet Ihr denn von all dem? Welches ist Eure Vorstellung vom moralischen und vom physischen Übel?« – »Herr Candide«, antwortete Martin, »meine Pfaffen beschuldigten mich, Sozinianer zu sein, die Wahrheit aber ist, ich bin Manichäer.«[48] – »Ihr beliebt zu scherzen«, gab Candide zurück, »es gibt auf der ganzen Welt keine Manichäer mehr.« – »Mich gibt es«, sagte Martin, »ich kann mir nicht helfen, anders kann ich nicht denken.« – »Ihr müßt den Teufel im Leib haben«, meinte Candide. »Er mischt sich so nachhaltig in die Belange dieser Welt«, sagte Martin, »daß er ebensogut in mir drinstecken könnte wie überall anders; aber ich muß gestehen, wenn ich diese Weltkugel oder besser dies Kügelchen in den Blick nehme, dann dünkt mich, Gott hat es einem bösartigen Wesen überlassen – Eldorado immer ausgenommen. Kaum eine Stadt sah ich, die nicht den Untergang der Nachbarstadt wünschte, keine Familie, die nicht eine andere Familie ausrotten wollte. Überall sind den Schwachen die Mächtigen ein Abscheu, vor denen sie kriechen, und die Mächtigen behandeln sie wie Viehherden, deren Wolle und Fleisch man verkauft. Eine Million Mörder, in Regimenter eingeteilt, durchziehen Europa von einem Ende zum anderen, verüben mit Disziplin Mord und Straßenraub, um ihr Brot zu verdienen, weil sie ja kein ehrenvolleres Gewerbe haben, und in den Städten, die Frieden haben und in denen die Künste blühen, sind die Menschen zerfressen von mehr Neid, Sorgen und Kummer, als je eine belagerte Stadt Plagen erleidet. Der häusliche Zwist ist noch grausamer als das öffentliche Elend. Mit einem Wort: ich habe soviel davon erlebt und soviel erlitten, daß ich Manichäer bin.«

»Gleichwohl gibt es doch Gutes«, entgegnete Candide. »Das mag schon sein«, sagte Martin, »aber ich kenne es nicht.«

Mitten in diesem Wortstreit hörte man Kanonendonner. Der Geschützlärm wird lauter von einem Augenblick auf den anderen. Jeder greift sein Fernrohr. Man nimmt zwei Schiffe wahr, die sich in drei Meilen Entfernung beschießen, der Wind trieb das eine wie das andere so nahe an das französische Schiff, daß man das Vergnügen hatte, dem Kampf in aller Ruhe zuzusehen. Schließlich feuerte das eine der beiden Schiffe eine so flache und gezielte Breitseite auf das andere, daß es versank. Candide und Martin konnten auf dem Oberdeck des sinkenden Schiffes an die hundert Menschen unterscheiden; sie hoben alle die Hände gen Himmel und stießen furchtbare Schreie aus; im nächsten Augenblick war alles verschlungen.

»Na bitte!« sagte Martin, »da sieht man ja, wie die Menschen einander behandeln.« – »Es ist wohl wahr«, sagte Candide, »es ist etwas Teuflisches an dieser ganzen Sache.« Während sie so redeten, bemerkte er etwas leuchtend Rotes, das nahe beim Schiff schwamm. Man ließ die Schaluppe hinunter, um zu sehen, was es sein könnte: es war einer seiner Hammel. Candides Freude über diesen wiedergefundenen Hammel war größer, als sein Kummer gewesen, zehn davon zu verlieren und alle beladen mit den Diamanten Eldorados.

Der französische Kapitän stellte bald fest, daß der Kapitän des versenkenden Schiffes Spanier war und der des versenkten ein holländischer Pirat gewesen; ebenderselbe, der Candide bestohlen hatte. Die ungeheuren Reichtümer, deren sich der Schurke bemächtigt hatte, ruhten mit ihm auf dem Grund des Meeres, und nur ein Hammel hatte sich gerettet. »Wie Ihr sehen könnt«, sagte Candide zu Martin, »wird das Verbrechen zuweilen bestraft; diesen Schuft von einem holländischen Schiffer traf das Los, das er verdiente.« – »Ja schon«, entgegnete Martin, »aber mußten denn die Reisenden auf seinem Schiff auch verderben!? Gott strafte diesen Schuft, der Teufel ertränkte die anderen.«

Unterdessen setzten das französische und das spanische Schiff ihre Fahrt, und Candide seine Unterhaltungen mit Martin fort. Sie stritten fünfzehn Tage lang, und am Ende der fünfzehn Tage waren sie so weit wie am ersten Tag. Aber immerhin redeten sie miteinander, teilten sich Gedanken mit, sprachen sich Trost zu. Candide streichelte seinen Hammel. »Habe ich dich wiedergefunden«, sagte er, »dann kann ich auch Kunigunde wiederfinden.«

EINUNDZWANZIGSTES KAPITEL

Candide und Martin nähern sich der Küste Frankreichs und führen Gespräche

Endlich sichtete man die Küste Frankreichs. »Seid Ihr jemals in Frankreich gewesen, Herr Martin?« fragte Candide. »Ja«, sagte Martin, »ich habe mehrere Provinzen bereist. Einige gibt es, wo die Hälfte der Bewohner närrisch, andere, wo man überschlau ist, dann wieder welche, wo man allgemein recht sanftmütig ist und recht dumm, und andere, wo man schöngeistig tut; überall aber ist die Liebe die Hauptbeschäftigung, die zweite die Schmähsucht, die dritte das Geschwätz.« – »Aber habt Ihr Paris gesehen, Herr Martin?« – »Ja, Paris habe ich gesehen; dort gibt es welche von allen Arten; es ist ein Chaos, ein Gewühle, in dem jedermann sein Vergnügen sucht und so gut wie keiner es findet, wenigstens kam es mir so vor. Ich blieb dort nur kurze Zeit; schon bei meiner Ankunft wurde mir alles gestohlen, was ich besaß, von Gaunern auf dem Jahrmarkt von Saint-Germain; man hielt mich selber für einen Dieb, und ich saß acht Tage lang im Gefängnis, danach arbeitete ich als Korrektor in einer Druckerei, um etwas zu verdienen für meinen Rückweg zu Fuß nach Holland. Ich erlebte das Federfuchserpack, das Kabalenpack und das Verzückungspack.[49] Es heißt, in der Stadt gebe es sehr höfliche Leute; ich will's ja glauben.«

»Ich selbst bin nicht im geringsten neugierig auf Frankreich«, sagte Candide, »Ihr könnt Euch leicht denken, wer einmal einen Monat in Eldorado verbracht hat, fragt auf Erden nur noch danach, Fräulein Kunigunde zu sehen; ich werde sie in Venedig erwarten, wir wollen über Frankreich nach Italien; Ihr begleitet mich doch?« – »Recht gern«, sagte Martin, »es heißt zwar, Venedig tauge nur für die venezianischen Adligen, man nehme gleichwohl die Ausländer gut auf, wenn sie nur viel Geld haben; ich habe keins, Ihr habt welches, ich folge Euch also überallhin.« – »Noch eins«, sagte Candide, »glaubt Ihr, daß die Erde ursprünglich ein Meer gewesen ist, wie es in dem dicken Buch für gewiß behauptet wird,[50] das dem Kapitän gehört?« – »Ich glaube nichts von alledem, so wenig wie von all den Phantastereien, die man uns seit einiger Zeit hersagt.« – »Aber zu welchem Ende ist denn diese Welt nun geschaffen worden?« – »Um uns zur Raserei zu bringen«, antwortete Martin. – »Seid Ihr nicht recht verwundert«, fuhr Candide fort,

»über die Liebe jener beiden Mädchen bei den Henkelohren zu den zwei Affen, von welchem Abenteuer ich Euch erzählt habe?« – »Überhaupt nicht«, gab Martin zurück, »ich sehe nicht, was diese Leidenschaft Sonderbares haben soll, ich habe soviel Absonderliches erlebt, daß es für mich nichts Absonderliches mehr gibt.« – »Glaubt Ihr denn, daß sich die Menschen schon immer gegenseitig niedergehauen haben, wie heute? Waren sie schon immer Lügner und Betrüger, Verräter, Undankbare, Straßenräuber, Schwächlinge, Flatterhafte, Feiglinge, Neidhammel, Fresser und Säufer, Geizhälse, Ehrgeizlinge, Blutsäufer, Verleumder, Wüstlinge, Fanatiker, Heuchler und Narren?« – »Glaubt Ihr«, fragte Martin, »daß die Sperber immer Tauben schlugen, wenn sie welche fanden?« – »Ja, zweifellos«, antwortete Candide. – »Nun denn!« sagte Martin, »wenn die Sperber immer das gleiche Wesen hatten, warum sollen dann die Menschen das ihre geändert haben?« – »Oh!« sagte Candide, »es gibt wohl schon rechte Unterschiede, denn der freie Wille…« Unter solchem Räsonieren gelangten sie nach Bordeaux.

ZWEIUNDZWANZIGSTES KAPITEL

Was Candide und Martin in Frankreich widerfuhr

Candide hielt sich in Bordeaux nur so lange auf, wie er brauchte, um einige Kiesel aus Dorado zu verkaufen und sich eine gute Zweisitzer-Kutsche zuzulegen, denn von seinem Philosophen Martin konnte er nicht mehr lassen. Er war nur sehr verdrossen, sich von seinem Hammel zu trennen, den er der Akademie der Wissenschaften zu Bordeaux überließ, welche zur diesjährigen Preisfrage bestimmte, herauszufinden, warum die Wolle des Hammels rot sei; der Preis wurde einem Gelehrten aus dem Norden zuerkannt, der bewies durch A plus B minus C dividiert durch Z, daß der Hammel rot sein und am Rotlauf eingehen müsse.[51]

Unterdessen hörte Candide von allen Reisenden, die er in den Schenken unterwegs traf: »Wir wollen nach Paris.« Solch allgemeiner Eifer machte ihm schließlich Lust, diese Hauptstadt zu sehen; es war kein großer Umweg auf der Strecke nach Venedig.

Er gelangte hinein durch den Faubourg Saint-Marceau und glaubte sich im schmutzigsten Dorf Westfalens.[52]

Kaum war Candide in seiner Herberge, befiel ihn eine leichte Unpäßlichkeit infolge seiner Erschöpfung. Da er am Finger einen unmäßig großen Diamanten trug und weil man in seinem Reisegepäck eine entsetzlich schwere Schatulle bemerkte, hatte er alsbald zwei Ärzte zur Seite, die er nicht hatte rufen lassen, einige Busenfreunde, die nicht von ihm wichen, und zwei Betschwestern, die ihm seine Fleischbrühen erhitzten. Martin sagte dazu: »Ich erinnere mich, daß ich auf meiner ersten Reise nach Paris auch krank war; ich war bitterarm: folglich hatte ich weder Freunde, noch Betschwestern, noch Ärzte, und wurde gesund.«

Unterdessen wurde durch die Arzneien und Aderlässe Candides Zustand ernst. Ein Pfarrgehilfe aus dem Viertel erschien, ihn mit süßer Stimme um einen Wechselbrief zu bitten fürs Jenseits, zahlbar an den Inhaber.[53] Candide wollte nichts dergleichen tun. Die Betschwestern versicherten ihm, dies sei eine neue Mode; Candide antwortete, er sei kein Mann nach der Mode. Martin war drauf und dran, den Pfarrgehilfen aus dem Fenster zu werfen. Der Geistliche schwor, man würde Candide nicht beerdigen. Martin schwor, er würde den Geistlichen beerdigen, wenn er ihnen weiter lästig falle. Das Gezänk wurde hitziger; Martin griff ihn bei den Schultern und warf ihn unsanft hinaus, was einen großen Skandal verursachte und polizeilich zu Protokoll genommen wurde.

Candide genas, und während seiner Genesung hatte er stets angenehme Gesellschaft zum Essen bei sich. Man spielte mit großem Einsatz. Candide war ganz verwundert, daß die Asse nie zu ihm gelangten, und Martin wunderte sich darüber nicht.

Unter jenen, die ihm die Honneurs der Stadt machten, war ein kleiner Abbé aus dem Perigord, einer jener eifrigen, immer munteren, immer dienstfertigen, dreisten, liebedienerischen, willfährigen Leute, die die Fremden auf der Durchreise abpassen, ihnen den Stadtklatsch erzählen und ihnen um jeden Preis Vergnügungen verschaffen wollen. Dieser hier führte Candide und Martin zunächst ins Theater. Man gab ein neues Trauerspiel. Candide kam neben einige Schöngeister zu sitzen. Das hinderte ihn nicht, bei vollendet gespielten Szenen zu weinen. Einer der Schwätzer neben ihm sagte während eines Zwischenspiels: »Sie weinen wirklich zu Unrecht: diese Schauspielerin ist herzlich schlecht; der Schauspieler, der mit ihr auftritt, ist noch schlechter; das Stück ist noch viel schlechter als die Schauspieler; der Autor kann kein Wort Arabisch, gleichwohl spielt die Szene in Arabien, und zu allem Überfluß glaubt er nicht an angeborene Ideen,[54] morgen will ich Ihnen zwanzig Streitschriften gegen ihn bringen.« – »Wie viele Theaterstücke gibt es in Frankreich?« fragte Candide den Abbé, der antwortete: »Fünf- oder sechstausend.« – »Das ist viel«, sagte Candide, »wie viele davon sind gut?« –

»Fünfzehn oder sechzehn«, war die Antwort. »Das ist viel«, sagte Martin.

Candide fand großen Gefallen an einer Schauspielerin, die in einem recht faden Trauerspiel,[55] das bisweilen gegeben wird, die Königin von England vorstellte. »Diese Schauspielerin«, sagte er zu Martin, »gefällt mir sehr; sie hat gewisse Ähnlichkeit mit Fräulein Kunigunde; mit Vergnügen würde ich ihr meine Aufwartung machen.« Der Abbé aus dem Perigord erbot sich, ihn bei ihr einzuführen. Candide, in Deutschland erzogen, fragte nach den Förmlichkeiten und wie man wohl in Frankreich die Königinnen von England behandele. »Das ist unterschiedlich«, sagte der Abbé, »in der Provinz führt man sie in die Schenke; in Paris verehrt man sie, wenn sie schön sind, und wirft sie in die Schindgrube, wenn sie gestorben sind.« – »Königinnen in die Schindgrube!« rief Candide. »Ja, tatsächlich«, sagte Martin, »der Herr Abbé hat recht: ich war in Paris, als Fräulein Monime von diesem Leben in ein anderes überging, wie man so sagt; man verweigerte ihr das, was die Leute hierzulande ein *ehrliches Begräbnis* nennen, will sagen, mit dem ganzen Gesindel des Viertels auf einem schmutzigen Friedhof zu verfaulen; sie wurde ganz allein von ihrer Truppe an der Ecke der Rue de Bourgogne verscharrt; was ihr eine außerordentliche Pein gewesen sein dürfte, denn sie dachte sehr edel.«[56] – »Das ist schon recht unhöflich«, sagte Candide. »Was wollt Ihr?« sagte Martin. »So sind die Leute hier nun mal. Stellt Euch alle Widersprüche, alle nur möglichen Unverträglichkeiten vor, Ihr findet sie wieder in der Regierung, bei den Gerichten, in den Kirchen, in den Schauspielen dieser närrischen Nation.« – »Stimmt es, daß man immer lacht in Paris?« fragte Candide. »Ja«, sagte der Abbé, »aber das geschieht aus heller Wut, denn man beklagt sich über alles mit lautem Lachen; und lachend begeht man hier die abscheulichsten Handlungen.«

»Wer ist das dicke Schwein«, sagte Candide, »das mir so viel Übles von dem Stück gesagt hat, bei dem ich so weinte, wie von den Schauspielern, die mir solche Freude bereitet haben?« – »Das ist einer von dem Gesindel«, antwortete der Abbé, »das seinen Lebensunterhalt damit verdient, Schlechtes über alle Stücke und alle Bücher zu verbreiten; er haßt jeden, der Erfolg hat, wie Eunuchen die Liebenden hassen: er ist eine jener Literaturnattern, die sich von Kot und Gift nähren, er ist ein Zeitungsschmierer.« – »Was meint Ihr mit Zeitungsschmierer?« fragte Candide. »Das ist ein Papiersudler«, sagte der Abbé, »ein *Fréron*.«[57]

Solcherart plauderten Candide, Martin und der Mann aus dem Perigord auf der Eingangstreppe, während sie die Theaterbesucher vorüberziehen sahen, die aus dem Stück kamen. »Obwohl ich es sehr eilig habe, Fräulein Kunigunde wiederzusehen«, sagte Candide, »würde ich doch gern mit Fräulein Clairon[58] zu Abend speisen; weil sie mir ungemein schön vorkam.«

Der Abbé war nicht der Mann, in die Kreise Fräulein Clairons zu gelangen, die nur gute Gesellschaft empfing. »Sie ist diesen Abend schon vergeben«, sagte er, »ich werde aber die Ehre haben, Euch zu einer Dame von Stand zu bringen, und dort werdet Ihr Paris kennenlernen, als hättet Ihr vier Jahre hier verbracht.«

Candide, neugierig von Natur, ließ sich zu der Dame bringen im abgelegensten Teil des Faubourg Saint Honoré; man war da bei einer Partie Pharao, zwölf verdrießliche Spieler hielten jeder ein Päckchen Karten in der Hand, eselsohriges Register ihres Pechs. Grabesstille herrschte, Blässe lag auf den Gesichtern der Spieler, Unruhe auf dem des Bankhalters, und die Dame des Hauses auf dem Platz neben dem unerbittlichen Bankhalter verfolgte mit Luchsaugen alle Parolis, alle Sieben-und-es-gilt-Kniffe, bei denen jeder Spieler seine Karten mit Eselsohren versah;[59] sie ließ die Kniffe glätten mit strenger, aber höflicher Aufmerksamkeit und zeigte dabei keinen Ärger, aus Sorge ihre Kundschaft zu verlieren: die Dame ließ sich Marquisin von Parolignac[60] anreden. Ihre fünfzehnjährige Tochter gehörte zu den Spielern und verriet durch Augenzwinkern jede Schwindelei dieser armen Kerle, die versuchten, den Grausamkeiten des Geschicks abzuhelfen. Der Abbé aus dem Perigord, Candide und Martin traten ein; keiner erhob sich, niemand grüßte, noch erhob jemand den Blick; alle waren zutiefst mit ihren Karten beschäftigt. »Die Frau Baronin von Thunder-ten-tronckh war höflicher«, sagte Candide.

Indessen näherte sich der Abbé dem Ohr der Marquisin, die sich leicht von ihrem Sitz erhob, Candide mit einem anmutigen Lächeln beehrte und Martin mit einer ganz und gar noblen Kopfbewegung; sie ließ einen Stuhl und ein Kartenspiel für Candide bringen, der fünfzigtausend Franken in zwei Partien verlor; wonach sehr fröhlich soupiert wurde und jedermann verwundert war, daß Candide sich ganz unberührt zeigte von seinem Verlust; die Lakaien sagten untereinander in ihrer Lakaiensprache: »Das muß irgend so ein englischer Milord sein.«[61]

Das Abendessen lief ab wie die meisten dieser Essen in Paris: zunächst Schweigen, dann ein Stimmengelärme, daß man sein eigenes Wort nicht mehr versteht, darauf überwiegend abgeschmackte Witzeleien, Gerüchte, leeres Geschwätz, ein wenig Politik und viel üble Nachrede; man redete sogar über neue Bücher. »Habt Ihr den Roman dieses Herrn Gauchat gelesen, Doktor der Theologie?«[62] fragte der Abbé aus dem Perigord. »Ja«, antwortete einer der Gäste, »aber ich habe ihn nicht zu Ende gebracht. Es gibt ja eine Fülle erbärmlicher Schriften bei uns, aber alle zusammen reichen sie nicht an die Ungereimtheiten von Gauchat heran, dem Doktor der Theologie; ich bin dieser Überfülle abscheulicher Bücher, die uns überfluten, so satt, daß ich mich ans Pontieren beim Pharao gemacht habe.«[63] – »Und die *Vermischten Schriften* des Erzdiakons T...,[64] was sagt Ihr dazu?« fragte der Abbé. »Oh, dieser Erzlangweiler!« meinte Frau von Parolignac, »wie er einem fleißig auseinandersetzt, was alle sowieso wissen! Wie er schwerfällig erörtert, was nicht einmal leichtfertig erwähnt gehört! Wie er sich ohne Geist den Geist anderer zu eigen macht! Wie er verdirbt, was er plündert! Wie er mich anwidert! Aber er wird mich nicht weiterhin anwidern: Es genügt, ein paar Seiten gelesen zu haben von diesem Erzdiakon.«

Bei Tisch war auch ein Mann von Gelehrsamkeit und Geschmack, der der Marquisin beipflichtete. Dann ging es über Trauerspiele; die Dame des Hauses fragte, wieso es Trauerspiele gebe, die mitunter gespielt würden, die man aber einfach nicht lesen könne. Der Mann von Geschmack erläuterte trefflich, wie ein Stück einiges Aufsehen erregen, dabei aber nahezu ohne Verdienst sein könne; in wenigen Worten führte er aus, daß es nicht reiche, eine oder zwei jener Situationen herbeizuführen, wie man sie in allen Romanen findet, und mit denen man die Zuschauer immer gewinnt, sondern daß man Neuerer sein müsse, aber nicht wunderlich; oft erhaben, aber immer natürlich; daß man das menschliche Herz kennen und zum Sprechen bringen müsse; ein großer Dichter sein, ohne daß je irgendeine Person des Stücks wie ein Dichter auftrete; seine Sprache vollkommen beherrschen, sie in ihrer ganzen Reinheit handhaben, in fortgesetztem Wohlklang, ohne daß je der Reim nur im geringsten auf Kosten des Sinns gehe. »Wer alle diese Regeln nicht beherzigt«, fügte er hinzu, »mag ein oder zwei im Theater beklatschte Trauerspiele verfassen, wird aber nie zu den Schriftstellern von Rang gezählt werden; gute Trauerspiele sind rar; die einen sind Idyllen in Dialogform, gut geschrieben und gut gereimt; die anderen politische Vernünfteleien zum Einschlafen, oder abschreckende Weitschweifigkeiten; wieder andere Träume eines Besessenen in barbarischer Schreibart, unzusammenhängende Gespräche, lange Anrufungen der Götter, weil man zu Menschen nicht zu sprechen weiß, falsche Grundsätze, hochtrabende Gemeinplätze.«

Candide lauschte diesen Reden aufmerksam und gewann eine hohe Meinung von dem Windmacher, und da die Marquisin Sorge getragen hatte, daß er an ihrer Seite saß, näherte er sich ihrem Ohr und nahm sich die Freiheit, sie zu fragen, wer der Mann sei, der so wohlgesetzt rede. »Er ist Gelehrter«, sagte die Dame, »er spielt nicht, und der Abbé bringt ihn mir manchmal zum Abendessen mit; er kennt sich vortrefflich aus in Trauerspielen und Büchern und hat selbst ein Trauerspiel verfaßt, das ausgepfiffen, und ein Buch geschrieben, von dem außerhalb des Ladens seines Buchhändlers überhaupt nur das eine Exemplar gesichtet wurde, das er mir zugeeignet hat.« – »Der große Mann!« sagte Candide, »er ist ein zweiter Pangloß.«

Dann wandte er sich ihm zu und sagte: »Monsieur, Ihr seid wohl auch der Ansicht, daß alles zum besten bestellt ist in der dinglichen Welt und in der Moral und nichts anders sein könnte?« – »Ich, Monsieur«, antwortete der Gelehrte, »ich denke nichts von alldem: ich finde, alles ist verquer bei uns; keiner weiß, was seines Ranges ist noch seines Amtes, weder was er tut, noch was er tun muß, und das Souper ausgenommen, wo es recht lustig zugeht und alles einträchtig scheint, geht der Rest der Zeit dahin mit anmaßenden Streitereien: Jansenisten gegen Molinisten, Parlamentsvertreter gegen Kirchenvertreter[65], Literaten gegen Literaten, Höflinge gegen Höflinge, Steuerpächter gegen das Volk, Frauen gegen ihre Männer, Verwandte gegen Verwandte: es ist ein ewiger Krieg.«

Candide entgegnete ihm: »Ich habe Schlimmeres erlebt. Doch ein weiser Mann, dem späterhin das Unglück widerfuhr, gehängt zu werden, lehrte mich, dies sei alles ganz wunderbar, es seien nur Schatten auf einem schönen Gemälde.« – »Euer Gehenkter machte sich lustig über die Leute«, sagte Martin, »Eure Schatten sind schreckliche Flecken.« – »Es sind die Menschen, die solche Flecken machen«, sagte Candide, »sie können davon nun mal nicht lassen.« – »Also ist es nicht ihre Schuld«, sagte Martin. Die meisten der Kartenspieler verstanden nichts von solchen Reden und tranken; Martin ließ sich mit dem Gelehrten in ein Gespräch ein, und Candide erzählte einen Teil seiner Erlebnisse der Dame des Hauses.

Nach dem Essen führte die Marquisin Candide in ihr Gemach und ließ ihn auf einem Kanapee Platz nehmen. »Gut denn«, sagte sie zu ihm, »Ihr liebt also immer noch über alle Maßen Fräulein Kunigunde von Thunder-ten-tronckh?« – »Ja, Madame«, gab Candide zur Antwort. Die Marquisin erwiderte mit einem zärtlichen Lächeln: »Ihr antwortet mir wie ein junger Mann aus Westfalen; ein Franzose hätte mir gesagt: ›Wahr ist, daß ich Fräulein Kunigunde geliebt habe; aber Euch erblickend, Madame, fürchte ich, sie nicht mehr zu lieben.‹« – »Ach! Madame«, sagte Candide, »ich will antworten, was immer Ihr wollt.« – »Eure Leidenschaft für sie«, sagte die Marquisin, »begann mit dem Aufheben ihres Schnupftuchs; ich will, daß Ihr mein Strumpfband aufhebt.« – »Von Herzen gern«, sagte Candide, und er hob es auf. »Ich will aber, daß Ihr es mir wieder anlegt«, sagte die Dame, und Candide legte es ihr an. »Seht Ihr«, sagte die Dame, »Ihr seid Ausländer, bisweilen lasse ich meine Anbeter aus Paris vierzehn Tage lang schmachten, Euch ergebe ich mich gleich in der ersten Nacht, denn einem jungen Mann aus Westfalen muß man die Honneurs seines Landes machen.« Die Schöne hatte zwei übergroße Diamanten an beiden Händen ihres jungen Ausländers bemerkt und lobte sie so aufrichtig, daß sie ihren Weg nahmen von den Fingern Candides an die Finger der Marquisin.

Auf dem Rückweg mit seinem Abbé aus dem Perigord verspürte Candide doch Gewissensbisse, weil er Fräulein Kunigunde untreu gewesen; der Herr Abbé empfand mit ihm; er war nur geringfügig beteiligt an Candides fünfzigtausend im Spiel verlorenen Livres und am Wert der beiden halb geschenkten, halb erpreßten Diamanten. Seine Absicht war, soviel wie möglich Nutzen zu ziehen aus dem Vorteil, den ihm die Bekanntschaft mit Candide verschaffen konnte. Er sprach zu ihm viel über Kunigunde, und Candide sagte, er werde die Schöne um Vergebung für seine Untreue bitten, wenn er sie in Venedig sehe.

Der Mann aus dem Perigord verdoppelte seine Höflichkeit und Aufmerksamkeiten und nahm innigen Anteil an allem, was Candide sagte, an allem, was er tat, an allem, was er tun wollte.

»Ihr habt demnach, Monsieur«, sagte er zu ihm, »ein Stelldichein in Venedig?« – »Ja, Herr Abbé«, sagte Candide; »ich muß unbedingt dorthin und Fräulein Kunigunde treffen.« Und dann, angeregt durch die Freude, über das zu reden, was er liebte, erzählte er nach seiner Gewohnheit einen Teil seiner Erlebnisse mit der erlauchten Westfalin.

»Ich halte dafür«, sagte der Abbé, »Fräulein Kunigunde besitzt viel Geist und schreibt bezaubernde Briefe?« – »Ich habe nie einen erhalten«, gestand Candide; »denn wie Ihr

Euch denken könnt, als ich wegen meiner Liebe zu ihr aus dem Schloß verjagt war, konnte ich ihr nicht schreiben, bald darauf vernahm ich, daß sie tot sei, dann fand ich sie wieder, verlor sie aufs neue und habe ihr über zweitausendfünfhundert Meilen von hier einen Boten gesandt, dessen Antwort ich erwarte.«

Der Abbé lauschte aufmerksam und schien ein wenig in Gedanken. Bald verabschiedete er sich nach zärtlicher Umarmung von den beiden Fremden. Andertags erhielt Candide beim Aufwachen einen Brief diesen Wortlauts:

»Monsieur, mein teurer Geliebter, seit acht Tagen liege ich krank in dieser Stadt, ich erfahre, daß Ihr hier seid. Ich flöge in Eure Arme, könnte ich mich nur rühren. Ich erfuhr von Eurer Durchreise in Bordeaux, dort habe ich den treuen Cacambo und die Alte zurückgelassen, die mir alsbald folgen sollen. Der Gouverneur von Buenos Aires hat mir alles genommen, aber es bleibt mir Euer Herz. Kommt, Eure Gegenwart wird mir das Leben wiedergeben oder mich vor Freude sterben lassen.«

Dieser bezaubernde, dieser unverhoffte Brief versetzte Candide in unsagbare Freude, und die Krankheit seiner teuren Kunigunde bedrückte ihn nur allzu schmerzlich. Hin- und hergerissen zwischen diesen beiden Empfindungen nimmt er sein Gold, seine Diamanten und läßt sich mit Martin zu der Unterkunft bringen, wo Fräulein Kunigunde wohnte. Vor Aufregung zitternd tritt er ein, sein Herz pocht, seine Stimme bricht; er will die Bettvorhänge zurückziehen, will Licht bringen lassen. »Davor hütet Euch wohl«, sagt die Kammerfrau zu ihm, »das Licht bringt sie um«, und schließt miteins den Vorhang. »Meine teure Kunigunde«, sagt Candide unter Tränen, »wie geht es Euch? Wenn Ihr mich schon nicht sehen könnt, sprecht wenigstens zu mir.« – »Sie vermag nicht zu sprechen«, sagt die

Kammerfrau. Alsdann streckt die Dame eine runde, weiche Hand aus dem Bett, die Candide lange mit seinen Tränen benetzt und dann mit Diamanten füllt, einen Beutel Gold legt er auf einen Sessel.

Mitten hinein in seine Gefühlsstürme erscheint ein Polizeidiener, im Gefolge den Abbé aus dem Perigord und eine Rotte Büttel. Mit den Worten: »Da sind sie also, die beiden verdächtigen Ausländer?« läßt er sie den Augenblick ergreifen und befiehlt seinen Bütteln, sie ins Gefängnis zu werfen. »So behandelt man in Dorado die Reisenden nicht«, sagt Candide. »Ich bin Manichäer, je länger, je mehr«, sagt Martin. »Aber, Monsieur, wohin bringt Ihr uns?« sagt Candide. »In ein dunkles Kerkerloch«, sagt der Polizeidiener.

Martin hatte seine Kaltblütigkeit wieder und schloß nun, daß die Dame, die vorgebliche Kunigunde, eine Betrügerin sei, der Herr Abbé aus dem Perigord ein Betrüger, der im Handumdrehen Candides Unschuld mißbraucht hatte, und der Polizeidiener ein weiterer Betrüger, den man sich leicht vom Halse schaffen konnte.

Durch seinen Rat aufgeklärt, bietet Candide, ehe er sich den Verfahren der Justiz aussetzt und im übrigen immer noch ungeduldig, die wirkliche Kunigunde wiederzusehen, dem Polizeibüttel drei kleine Diamanten an, jeder von ungefähr dreitausend Pistolen. – »Ei! Monsieur«, sagt da der Mann mit dem Elfenbeinstab,[66] »hättet Ihr auch alle nur vorstellbaren Verbrechen begangen, Ihr seid der ehrenwerteste Mann der Welt; drei Diamanten! Jeder von dreitausend Pistolen! Monsieur! Ich ließe mich für Euch töten, anstatt Euch ins Loch zu werfen. Es werden alle Ausländer verhaftet, aber laßt mich nur machen; in Dieppe in der Normandie habe ich einen Bruder, dorthin werde ich Euch bringen, und wenn Ihr so irgendeinen Diamanten für ihn habt, dann trägt er für Euch Sorge wie ich selbst.«

»Und warum verhaftet man alle Ausländer?« fragt Candide. Da ergriff der Abbé aus dem Perigord das Wort und sagte: »Deswegen, weil ein Lump aus dem Land Atrebatien[67] dummes Zeug gehört hat: was allein ihn dazu verleitete, einen Vatermord zu begehen, nicht so wie den 1610 im Mai, sondern wie den 1594 im Dezember, und wie viele andere begangen wurden in anderen Jahren und anderen Monaten von anderen Lumpen, die dummes Zeug hatten reden hören.«

Der Polizeibüttel erklärte dann, worum es ging. »Oh! Die Ungeheuer!« rief Candide, »was! Solche Greuel bei einem Volk, das tanzt und das singt! Könnte ich nicht so schnell wie irgend möglich dies Land verlassen, wo Affen die Tiger reizen? Ich habe Bären in meiner Heimat gesehen, Menschen sah ich nur in Dorado. Um Gottes willen, Herr Polizeidiener, bringt mich nach Venedig, wo ich Fräulein Kunigunde erwarten muß.« – »Ich kann Euch nur in die untere Normandie bringen«, sagte der Barigel.[68] Sogleich läßt er ihm die Ketten abnehmen, sagt, er habe sich geirrt, schickt seine Leute zurück und bringt Candide und Martin nach Dieppe und überläßt sie dort seinem Bruder. Auf Reede lag da ein kleines holländisches Schiff. Der Normanne, aus dem drei weitere Diamanten den dienstfertigsten Menschen gemacht hatten, brachte Candide und seine Leute an Bord des Schiffs, das die Segel setzte für Portsmouth in England. Das war nicht der Weg nach Venedig, aber Candide glaubte, der Hölle entronnen zu sein, und rechnete fest darauf, die Reise nach Venedig bei der erstbesten Gelegenheit fortzusetzen.

DREIUNDZWANZIGSTES KAPITEL

*Candide und Martin fahren zur englischen Küste;
was sie dort sehen*

»Oh, Pangloß! Pangloß! Oh, Martin! Martin! Oh, meine teure Kunigunde! Was ist dies für eine Welt!« sagte Candide auf dem holländischen Schiff. »Eine reichlich verrückte und reichlich abscheuliche«, antwortete Martin. »Ihr kennt doch England; ist man dort auch so verrückt wie in Frankreich?« – »Es ist eine andere Art von Verrücktheit«, sagte Martin. »Ihr wißt ja, daß die beiden Nationen Krieg führen um ein paar Morgen Schnee gegen Kanada hin und daß sie für diesen schönen Krieg mehr ausgeben, als das ganze Kanada wert ist.[69] Euch nun zu sagen, ob es mehr Tollhäusler in dem einen Land gibt als in dem anderen, reichen meine geringen Kenntnisse nicht aus. Ich weiß nur, daß die Leute, die wir jetzt aufsuchen, im allgemeinen sehr griesgrämig sind.«

Solchermaßen plaudernd legten sie in Portsmouth an; eine Unmenge Leute säumte das Ufer und schaute aufmerksam auf einen recht dicken Mann, der mit verbundenen Augen auf dem Oberdeck eines Schiffs der Kriegsflotte kniete; vier Soldaten, ihm gegenüber aufgestellt, schossen ihm jeder mit der größten Seelenruhe drei Kugeln in den Schädel, und die ganze Versammlung ging höchst zufrieden nach Hause. »Was ist das hier denn nun wieder?« sagte Candide, »welcher Dämon treibt denn bloß überall sein Unwesen?« Er erkundigte sich, wer dieser dicke Mann war, den man gerade feierlich getötet hatte. »Er ist Admiral«, antwortete man ihm. »Und warum tötet man diesen Admiral?« – »Deshalb«, antwortete man ihm, »weil er nicht genügend Leute hat töten lassen; er hat einem französischen Admiral ein Gefecht geliefert, und man fand heraus, er war ihm nicht nah genug auf den Leib gerückt.« – »Aber«, bemerkte Candide, »der französische Admiral war ebensoweit von dem englischen Admiral entfernt wie dieser von jenem!« – »Das ist nicht zu bestreiten«, entgegnete man ihm, »aber in diesem Land hier ist es gut, von Zeit zu Zeit einen Admiral zu erschießen, um den anderen Mut zu machen.«[70]

Candide war so betäubt und abgestoßen von dem, was er sah und was er hörte, daß er gar nicht erst an Land gehen wollte, sondern mit dem holländischen Schiffer aushandelte (sollte der ihn auch bestehlen wie jener in Surinam), daß er ihn ohne Verzug nach Venedig bringe.

Der Schiffer war zwei Tage später zur Abfahrt bereit. Man fuhr die französische Küste entlang, man fuhr in Sichtweite an Lissabon vorbei, und Candide schauderte. Man durchfuhr die Meerenge und war im Mittelmeer; schließlich legte man in Venedig an. »Gott sei gelobt!« sagte Candide und umarmte Martin, »hier werde ich also die schöne Kunigunde wiedersehen. Ich zähle auf Cacambo, wie auf mich selbst. Alles ist gut, alles wird gut, alles steht so gut wie nur überhaupt möglich.«

VIERUNDZWANZIGSTES KAPITEL

Von Maßliebchen und dem Bruder Goldlack

Sobald er in Venedig war, ließ er Cacambo in allen Schenken, in allen Kaffeehäusern, bei allen Freudenmädchen suchen und fand ihn nirgends. Er schickte alle Tage Leute aus, auf allen Schiffen und Barken Erkundigungen einzuholen:

keine Nachricht von Cacambo. »Wie denn!« sagte er zu Martin, »ich hatte Zeit genug, von Surinam nach Bordeaux zu reisen, von Bordeaux nach Paris, von Paris nach Dieppe, von Dieppe nach Portsmouth, an Portugal und Spanien entlangzufahren, das ganze Mittelmeer zu durchqueren, einige Monate in Venedig zu verwarten und die schöne Kunigunde ist nicht gekommen! Statt ihrer sind mir nur eine Dirne und ein Abbé aus dem Perigord über den Weg gelaufen! Kunigunde ist sicher tot, dann bleibt auch mir nur zu sterben. Oh! Es wäre besser gewesen, im Paradies von Dorado zu bleiben, als in dies verfluchte Europa zurückzukehren. Wie recht Ihr habt, mein teurer Martin! Alles ist nur Trug und Trübsal.«

Er verfiel in tiefe Schwermut und nahm keinen Anteil weder an der Oper *alla moda* noch an anderen Zerstreuungen des Karnevals; nicht eine der Damen brachte ihn im mindesten in Versuchung. Martin sagte zu ihm: »Es ist wirklich recht treuherzig von Euch anzunehmen, ein Diener, ein Mestize, mit fünf oder sechs Millionen in der Tasche, werde Eure Geliebte am andern Ende der Welt suchen und sie Euch nach Venedig bringen. Er wird sie für sich nehmen, wenn er sie findet. Findet er sie nicht, nimmt er sich eine andere: ich rate Euch, vergeßt Euren Diener Cacambo und Eure Geliebte Kunigunde.« Martin war nicht gerade trostreich. Candides Schwermut verstärkte sich, und Martin hörte nicht auf, ihm zu beweisen, daß es wenig Tugend und wenig Glück auf Erden gebe, ausgenommen vielleicht in Eldorado, wohin niemand gelange.

Während sie über solch gewichtigen Gegenstand stritten in Erwartung Kunigundes, bemerkte Candide auf dem Markusplatz einen jungen Theatiner[71], der ein Mädchen am Arm hatte. Der Theatiner erschien munter, rundlich, kräftig; seine Augen blitzten, beherzt die Miene, der Kopf erhoben, der Gang stolz. Das Mädchen war sehr hübsch und sang; verliebt schaute sie ihren Theatiner an und zwickte ihn von Zeit zu Zeit in seine runden Backen. »Ihr werdet mir zumindest zugeben«, sagte Candide zu Martin, »daß diese Leute da glücklich sind: Bis heute habe ich auf der ganzen bewohnten Erde, ausgenommen in Eldorado, nur Unglückliche gefunden; aber bei diesem Mädchen und dem Theatiner da wette ich, daß sie sehr glückliche Geschöpfe sind.« – »Ich halte die Wette«, sagte Martin. »Wir müssen sie nur zum Essen bitten«, meinte Candide, »und Ihr werdet sehen, ob ich mich täusche.«

Sogleich tritt er mit ein paar Verbindlichkeiten an sie heran und lädt sie in sein Gasthaus ein zu Makkaroni, Rebhühnern aus der Lombardei, Störrogen, Montepulciano-Wein, Lacrimae-Christi, Zypern- und Samos-Wein. Das Fräulein errötete, der Theatiner nahm die Partie an, und das Mädchen folgte ihm, wobei sie Candide mit Überraschung und Verstörung in den tränenumflorten Augen ansah. Kaum hatte sie Candides Zimmer betreten, als sie zu ihm sagte: »Na, so was! Herr Candide erkennt Maßliebchen nicht wieder!« Bei diesen Worten sagte Candide, der ihr bis dahin keine Aufmerksamkeit geschenkt hatte, da er nur mit Kunigunde beschäftigt war: »O weh! Mein armes Kind, Ihr seid das also, die den Doktor Pangloß in jenen schönen Zustand versetzte, in dem ich ihn erlebt habe?«

»Ach ja! Lieber Herr, ich bin es«, sagte Maßliebchen, »ich sehe, Ihr seid über alles unterrichtet. Ich habe von dem schrecklichen Unheil erfahren, das über das ganze Haus der Frau Baronin und über die schöne Kunigunde gekommen ist. Ich versichere Euch, mein Schicksal war kaum weniger traurig. Ich war sehr unschuldig, als Ihr mich erlebtet. Ein Franziskaner, der mein Beichtvater war, verführte mich ohne große Mühe. Die Folgen waren fürchterlich; ich mußte das Schloß verlassen, kurze Zeit nachdem der Herr Baron Euch mit großen Tritten in den Hintern fortgeschickt hatte. Wenn sich nicht ein berühmter Arzt meiner erbarmt hätte, wäre ich gestorben. Aus Dankbarkeit war ich einige Zeit die Geliebte des Arztes. Seine Frau, die rasend eifersüchtig war, verprügelte mich erbarmungslos tagaus, tagein, sie war eine Furie. Dieser Arzt war der häßlichste aller Männer und ich das unglücklichste aller Geschöpfe, unentwegt geschlagen zu werden für einen Mann, den ich nicht liebte. Ihr wißt ja, Herr, wie gefährlich es ist für ein zänkisches Weib, mit einem Arzt verheiratet zu sein. Zum Äußersten gebracht vom Betragen seiner Frau, gab der ihr jedenfalls eines Tages, um sie von einem kleinen Schnupfen zu heilen, eine solch wirksame Medizin, daß sie innerhalb zwei Stunden unter schrecklichen Krämpfen starb. Die Verwandten der Frau strengten einen Kriminalprozeß gegen ihn an, er ergriff die Flucht, und ich wurde ins Gefängnis gesteckt. Meine Schuldlosigkeit hätte mich nicht gerettet, wäre ich nicht leidlich hübsch gewesen. Der Richter setzte mich in Freiheit unter dem Vorbehalt, daß er des Arztes Nachfolger würde. Bald war ich durch eine Rivalin ausgestochen, ohne Lohn davongejagt und gezwungen, bei dem abscheulichen Gewerbe zu bleiben, das Euch Männern so vergnüglich vorkommt und für uns nur ein Abgrund an Elend ist. Ich ging das Gewerbe in Venedig betreiben. Ach! Herr, wenn Ihr Euch vorstellen könntet, was es heißt, unterschiedslos zu einem alten Kaufmann, einem Advokaten, einem Mönch, einem Gondolierer, einem Abbé zärtlich sein zu müssen; allen Beschimpfungen ausgesetzt zu sein, allen Verhöhnungen; häufig gezwungen zu sein, einen Rock auszuleihen, um ihn sich von einem ekligen Kerl hochheben zu lassen, vom einen um das bestohlen zu werden, was man beim anderen verdient hat; von Justizbeamten um Geld erpreßt zu werden und als Aussicht nur ein greuliches Alter, ein Hospiz und eine Mistgrube, dann kämt Ihr zu dem Schluß, daß ich eines der unglücklichsten Geschöpfe auf dieser Welt bin.«

So schüttete Maßliebchen dem guten Candide ihr Herz aus in seinem Gemach, in Anwesenheit von Martin, der zu Candide sagte: »Ihr seht, meine Wette habe ich schon zur Hälfte gewonnen.«

Bruder Goldlack war im Speiseraum geblieben und hatte in Erwartung des Essens einen Schluck getrunken. »Aber Ihr machtet doch einen so fröhlichen Eindruck«, sagte Candide zu Maßliebchen, »so zufrieden, als ich Euch traf; Ihr sangt, Ihr streicheltet den Theatiner mit solch natürlicher Zuneigung, Ihr erschient mir so glücklich, wie Ihr jetzt vorgebt, unglücklich zu sein.« – »Ach! Lieber Herr«, entgegnete Maßliebchen, »das ist auch so ein Elend des Gewerbes. Gestern wurde ich bestohlen und verprügelt von einem Offizier und heute muß ich gut aufgelegt tun, um einem Mönch zu gefallen.«

Candide wollte nichts mehr weiter hören; er gab zu, daß Martin recht hatte. Man setzte sich mit Maßliebchen und dem Theatiner zu Tisch, das Essen war recht unterhaltsam, und dem Ende zu sprach man ganz vertraut miteinander. »Ihr, mein Pater«, sagte Candide zu dem Mönch, »scheint Euch eines Schicksals zu erfreuen, um das Euch jedermann beneidet, das blühende Leben glänzt auf Eurem Gesicht, Euer Äußeres kündet vom Glück; Ihr habt ein sehr hübsches Mädchen zu Eurer Ergötzung, und Ihr scheint sehr zufrieden mit Eurem Stand als Theatiner.«

»Bei meiner Treue, Herr«, sagte Bruder Goldlack, »ich wollte, alle Theatiner ruhten auf dem Grund des Meeres. Hundert Mal schon war ich versucht, das Kloster in Brand zu stecken und Türke zu werden. Meine Eltern zwangen mich, im Alter von fünfzehn Jahren diese erbärmliche Kutte anzulegen, um einem verfluchten älteren Bruder, den Gott zuschanden richten möge, mehr Besitz zu hinterlassen! Neid, Hader und Raserei herrschen im Kloster. Richtig ist, daß ich ein paar mindere Predigten hielt, die mir ein wenig Geld einbrachten, von dem mir der Prior die Hälfte stiehlt: mit dem Rest halte ich Mädchen aus; wenn ich aber abends ins Kloster zurückkomme, dann könnte ich mir den Schädel an den Wänden des Schlafsaals einrennen, und allen meinen Mitbrüdern geht es ebenso.«

Martin wandte sich mit seiner üblichen Gelassenheit zu Candide: »Na?« sagte er, »und habe ich die Wette nicht ganz gewonnen?« Candide gab Maßliebchen zweitausend Piaster und Bruder Goldlack tausend. »Ich stehe Euch dafür ein«, sagte er, »daß sie damit glücklich werden.« – »Davon glaube ich nicht ein Wort«, sagte Martin, »mit diesen Piastern macht Ihr sie vielleicht noch viel unglücklicher.« – »Wie dem auch sei«, sagte Candide; »eines tröstet mich aber, offensichtlich findet man häufig Menschen wieder, die man niemals wiederzusehen glaubte; es könnte doch geschehen, daß ich nach meinem roten Hammel und Maßliebchen auch Kunigunde wiederfinde.« – »Ich wünsche ja«, sagte Martin, »daß sie Euch eines Tages glücklich macht, aber ich zweifle doch sehr daran.« – »Ihr seid aber auch sehr hart«, sagte Candide. »Ja, denn ich habe in der Welt gelebt«, sagte Martin.

»Aber schaut doch nur die Gondolierer«, sagte Candide; »singen die denn nicht in einem fort?« – »Ihr seht sie nicht in ihrem Zuhause, mit ihren Frauen und ihren Bälgern«, sagte Martin. »Der Doge hat seinen Kummer, die Gondolierer haben den ihren. Wahr ist, daß alles in allem das Los eines Gondolierers dem eines Dogen vorzuziehen ist; aber den Unterschied halte ich für so gering, daß es einer näheren Erörterung nicht wert ist.«

»Man redet von einem Senator Pococurante«, sagte Candide, »der in jenem schönen Palast an der Brenta wohnt und sehr oft Ausländer bei sich empfängt. Es wird behauptet, er sei ein Mensch, der niemals Kummer hatte.« – »Ein solch seltenes Exemplar möchte ich ja erst mal sehen«, sagte Martin. Sogleich ließ Candide bei Herrn Pococurante um die Erlaubnis bitten, ihm anderntags seine Aufwartung zu machen.

FÜNFUNDZWANZIGSTES KAPITEL

Besuch bei dem Herrn Pococurante,
einem venezianischen Edelmann

Candide und Martin fuhren in einer Gondel auf der Brenta und gelangten zum Palast des Edlen Pococurante. Die Gärten waren kunstvoll angelegt und geschmückt mit schönen Marmorstatuen, der Palast von schöner Bauart. Der Hausherr, ein Mann von sechzig Jahren, schwerreich, empfing die beiden neugierigen Besucher sehr höflich, wenn auch ohne rechten Eifer, was Candide irremachte und Martin nicht mißfiel.

Zunächst reichten ihnen zwei hübsche, artig gekleidete Mädchen Schokolade, die sie sehr schön schäumen ließen. Candide konnte sich nicht enthalten, ihre Schönheit, Anmut und Anstelligkeit zu loben. »Es sind recht nette Geschöpfe«, sagte der Senator Pococurante, »ich nehme sie manchmal zu mir ins Bett, denn ich bin der Damen aus der

Stadt überdrüssig, ihrer Koketterie, ihrer Eifersüchteleien, ihrer Streitereien, ihrer Launen, ihrer Nichtigkeiten, ihres Hochmuts, ihrer Albernheiten und der Sonette, die man für sie machen oder bestellen muß; indessen aber beginnen diese beiden Mädchen mich zunehmend zu langweilen.«

Candide machte nach dem Frühstück einen Rundgang in einer langen Galerie und war erstaunt über die Schönheit der Gemälde. Er fragte, von welchem Meister die beiden ersten seien. »Sie sind von Raffael«, sagte der Senator, »ich kaufte sie vor Jahren sehr teuer aus Eitelkeit, man sagt, es sei das Schönste, was es in Italien gibt, mir aber gefallen sie gar nicht: ihre Farbe ist sehr gedunkelt, die Figuren sind nicht ausreichend schattiert und treten nicht genügend hervor; die Gewänder ähneln in nichts einem Stoff; mit einem Wort, was immer man auch sagen mag, ich finde darin keine rechte Nachahmung der Natur. Ich mag ein Gemälde nur dann, wenn ich glaube, die Natur selbst darin zu sehen; von dieser Sorte gibt es keine. Ich besitze viele Gemälde, aber ich betrachte sie mir nicht mehr.«

In der Zeit bis zum Essen ließ sich Pococurante ein Concerto musizieren. Candide fand die Musik köstlich. »Auf eine halbe Stunde geht solch ein Gelärme wohl an«, sagte Pococurante, »dauert es aber länger, ermüdet es jedermann, auch wenn niemand es zugeben mag. Heutigentags ist Musik nur noch die Kunst, schwierige Tonsätze aufzuführen, und etwas, das nur schwierig ist, gefällt auf die Dauer nicht.«

»Vielleicht gefiele mir die Oper besser, hätte man nicht das Geheimnis entdeckt, daraus ein Monstrum zu machen, was mich aufbringt. Gehe jeder, dem danach ist, schlechte Trauerspiele in Musik anschauen, in denen die Szenen nur dazu dienen, ganz unpassend zwei oder drei lächerliche Liedchen einzuführen, um die Kehle einer Sängerin zur

Geltung zu bringen. Mag, wer will oder kann, vor Entzükken vergehen beim Anblick eines Kastraten, der die Rolle des Cäsar oder des Cato herunterträllert und linkisch auf den Brettern umherstolziert; ich meinerseits habe vor langem schon auf diese Armseligkeiten verzichtet, die heute den Ruhm Italiens ausmachen und für die Fürsten so teuer bezahlen.« Candide bestritt es ein wenig, aber mit großer Zurückhaltung. Martin war gänzlich der Meinung des Senators.

Man begab sich zu Tisch, und nach einem vortrefflichen Mahl machte man sich in die Bibliothek auf. Candide, einen wundervoll gebundenen Homer erblickend, pries Illustrissime für seinen guten Geschmack. »Dies Buch hier«, sagte er, »war die ganze Wonne des großen Pangloß, des besten Philosophen Deutschlands.« – »Die meine ist es nicht«, sagte Pococurante kaltsinnig, »vor Zeiten machte man mich glauben, es bereite mir Vergnügen beim Lesen; aber diese ständigen Wiederholungen von Kämpfen, die sich alle gleichen, diese Götter, die immer geschäftig sind, nur um nichts Entscheidendes zu tun, diese Helena, die Grund für den Krieg ist und im Stück kaum auftritt; dies Troja, belagert, aber nicht eingenommen, das alles verursachte mir tödliche Langeweile. Zuweilen habe ich Gelehrte gefragt, ob sie sich ebenso wie ich bei dieser Lektüre langweilten. Alle ehrlichen Leute gestanden mir, das Buch fiele ihnen aus der Hand, daß man es aber immer in seiner Bibliothek haben müsse, als ein Denkmal der Antike, gerade wie die verrosteten Gedenkmünzen, die nicht in Umlauf gebracht werden können.«

»Eure Exzellenz denkt nicht geradeso von Vergil?« fragte Candide. »Ich räume ein, das zweite, vierte und sechste Buch seiner *Äneis* sind ausgezeichnet, aber was seinen frommen Äneas angeht, den starken Cloanthes, den Freund

Achates, den kleinen Askanius, den dummen König Latinus, die beschränkte Amata und die fade Lavinia, glaube ich, es gibt nichts so Kaltes und Mißfälliges. Lieber mag ich Tasso und jene Geschichten von Ariost, bei denen man im Stehen einschläft.«

»Darf ich mich unterstehen, Euch zu fragen, Herr«, sagte Candide, »ob Ihr nicht großes Vergnügen dabei habt, Horaz zu lesen?« – »Es finden sich da Maximen, die einem Mann von Lebensart nützen können«, meinte Pococurante, »und in kraftvolle Verse gegossen sich dem Gedächtnis bequem einprägen. Aber um seine Reise nach Brundisium schere ich mich herzlich wenig, so wie um seine Beschreibung eines schlechten Mahles, und um den Streit von Lastträgern zwischen einem, ich weiß nicht, Pupilus, dessen Reden, wie er sagt, *voller Eiter seien*, und einem anderen, dessen Worte *von Essig seien*. Ich habe nur mit äußerstem Widerwillen seine plumpen Verse gegen die alten Weiber und gegen die Hexen gelesen; und ich sehe nicht, welch Verdienst darin liegen soll, wenn er zu seinem Freund Maecenas sagt, falls dieser ihn in den Rang der lyrischen Dichter erhebe, werde er mit der Stirn an die Sterne rühren.[72] Die Narren bewundern an einem geschätzten Dichter einfach alles. Ich lese nur für mich; ich mag nur das mir Dienliche.« Candide, darin erzogen, niemals aus sich selbst zu urteilen, war von dem Gehörten höchst erstaunt; und Martin fand die Denkweise Pococurantes recht vernünftig.

»Oh! Da ist ja ein Cicero«, bemerkte Candide, »diesen großen Mann aber, denke ich doch, werdet Ihr nicht müde zu lesen?« – »Ich lese ihn nie«, antwortete der Venezianer, »was schert es mich, ob er Rabirius oder Cluentius verteidigt hat? Ich habe selbst genug Prozesse, in denen ich richte; mit seinen philosophischen Werken hätte ich noch übereinstimmen können, aber da ich sah, daß er über alles im Zweifel stand, kam ich zum Schlusse, daß ich darüber genausoviel wisse wie er, daß ich niemanden brauche, um unwissend zu sein.«

»Ah! Hier: achtzig Sammelbände einer Akademie der Wissenschaften«, rief Martin, »da könnte einiges Gute darunter sein.« – »Das wäre auch so«, sagte Pococurante, »wenn ein einziger der Autoren dieses Plunders nur wenigstens die Kunst erfunden hätte, Nadeln zu machen, so aber gibt es in all diesen Büchern nur leere Systeme, und nichts von alldem ist brauchbar.«

»Was sehe ich denn dort an Theaterstücken!« sagte Candide, »auf Italienisch, auf Spanisch, auf Französisch!« – »Ja, da stehen dreitausend davon«, sagte der Senator, »und nicht drei Dutzend gute darunter. Was diese Predigtsammlungen angeht, die alle zusammen nicht eine Seite Seneca wert sind, und all die dicken Theologiebände, könnt Ihr Euch ja wohl denken, daß ich sie nie aufschlage, weder ich noch jemand anderes.«

Martin bemerkte Regale voller englischer Bücher. »Ich meine, ein Republikaner«, sagte er, »muß an den meisten dieser Werke sein Gefallen finden, sind sie doch so freimütig geschrieben.« – »Ja«, gab Pococurante zur Antwort, »es ist schön, zu schreiben, was man denkt; das ist das Vorrecht des Menschen. In unserem ganzen Italien schreibt man, was man nicht denkt. Die Bewohner des Vaterlandes der Cäsaren und Antoniusse wagen nicht, einen Gedanken zu haben, ohne die Erlaubnis eines Jakobiners.[73] Mir wäre die Freiheit recht, die die großen englischen Geister erfüllt, wenn nicht der Parteiengeist und -hader alles verunstalteten, was diese kostbare Freiheit an Schätzbarem besitzt.«

Als Candide einen Milton entdeckte, fragte er ihn, ob er nicht diesen Autor für einen großen Mann halte. »Wen?« gab Pococurante zurück, »diesen Barbaren, der einen langen Kommentar des ersten Buchs der Genesis in zwölf Büchern und hölzernen Versen verfaßt? Diesen plumpen Nachahmer der Griechen, der die Schöpfung verunstaltet, und während Moses die Vorstellung vom Ewigen erweckt, der die Welt durch das Wort erschafft, den Messias aus einem Schrank im Himmel einen großen Zirkel holen läßt, um sein Werk zu entwerfen? Ich sollte den schätzen, der die Hölle und den Teufel Tassos verdorben hat, der Luzifer bald als Kröte verkleidet, bald als Pygmäen, der ihn hundertmal dieselben Reden wiederholen läßt; der ihn über Theologie disputieren und, die spaßhafte Erfindung der Feuerwaffen bei Ariost ganz ernsthaft nachahmend, die Teufel mit der Kanone in den Himmel schießen läßt? Weder ich noch sonst irgend jemand in Italien hat an all diesen traurigen Narreteien seine Freude gefunden. Die Hochzeit der Sünde mit dem Tod und die Nattern, mit denen die Sünde niederkommt, bringt jeden Menschen von etwas feinerem Geschmack zum Erbrechen, und seine lange Beschreibung eines Hospitals ist gerade gut für den Totengräber. Dies düstere, närrische und ekelerregende Gedicht wurde schon bei seiner Entstehung verachtet, ich behandle es heute, wie es in seiner Heimat behandelt wurde von den Zeitgenossen. Im übrigen sage ich, was ich denke, und schere mich herzlich wenig, ob die anderen so denken wie ich.« Candide war von diesem Reden bedrückt; er verehrte Homer, er mochte ein wenig Milton. »Au weh!« sagte er ganz leise zu Martin, »ich fürchte wohl, daß dieser Mann da eine uneingeschränkte Verachtung für unsere deutschen Dichter hegt.« – »Das wäre das Schlimmste nicht«, sagte Martin. – »Oh, welch überlegener Mann!« sagte Candide noch einmal zwischen den Zähnen, »welch hoher Geist, dieser Pococurante! Nichts kann ihm gefallen.«

Nachdem sie so alle Bücher durch die Musterung hatten

gehen lassen, stiegen sie zum Garten hinunter. Candide pries alle seine Schönheiten. »Ich kenne nichts von solch schlechtem Geschmack«, sagte der Hausherr, »wir haben hier nur läppischen Zierrat, aber ab morgen werde ich einen nach einem edleren Plane anlegen lassen.«

Als die beiden neugierigen Besucher von Seiner Exzellenz Abschied genommen hatten: »Wohlan denn«, sagte Candide zu Martin, »Ihr werdet einräumen, daß dies der glücklichste aller Menschen ist, denn er steht über allem, was er besitzt.« – »Seht Ihr denn nicht«, meinte Martin, »daß ihn alles anwidert, was er besitzt? Platon sagte schon vor langer Zeit, es sind die besten Mägen nicht, die alle Nahrung abweisen.« – »Aber findet er denn keine Freude daran«, sagte Candide, »alles zu kritisieren, Mängel festzustellen, wo die anderen Menschen glauben, nur Schönheit zu sehen?« – »Das heißt also«, entgegnete Martin, »es macht Vergnügen, kein Vergnügen zu haben?« – »Gut dann!« sagte Candide, »es gibt also keinen Glücklichen außer mir, wenn ich Fräulein Kunigunde wiedersehen werde.« – »Es ist immer gut, Hoffnung zu haben«, sagte Martin.

Unterdessen gingen die Tage, die Wochen dahin; Cacambo kam nicht wieder und Candide war so in seinem Schmerz versunken, daß er nicht einmal mehr daran dachte, daß Maßliebchen und Bruder Goldlack nicht gekommen waren, ihm wenigstens zu danken.

SECHSUNDZWANZIGSTES KAPITEL

*Von einem Abendessen, das Candide und Martin
mit sechs Fremden einnahmen, und wer diese waren*

Eines Abends, da Candide, gefolgt von Martin, zu Tisch gehen wollte mit den Fremden, die im selben Gasthaus wohnten, trat von hinten ein Mann mit rußfarbenem Gesicht an ihn heran und sagte, ihn beim Arm nehmend: »Haltet Euch bereit, mit uns abzureisen, versäumt es nicht.« Er wendet sich um und sieht Cacambo. Einzig der Anblick Kunigundes hätte ihn mehr überraschen und freuen können. Er war drauf und dran, vor Freude närrisch zu werden. Er umarmt seinen teuren Freund. »Kunigunde ist sicher hier, wo ist sie? Bring mich zu ihr, daß ich zusammen mit ihr vor Freude vergehe.« – »Kunigunde ist nicht hier«, sagte Cacambo, »sie ist in Konstantinopel.« – »O Himmel! In Konstantinopel! Aber wäre sie auch in China, ich fliege hin! Auf den Weg!« – »Wir machen uns auf nach dem Abendbrot«, entgegnete Cacambo, »mehr kann ich Euch dazu nicht sagen; ich bin Sklave, mein Herr erwartet mich; ich muß ihn bei Tisch bedienen: sagt kein Wort; eßt und haltet Euch bereit.«

Hin- und hergerissen zwischen Freude und Schmerz, entzückt, seinen treuen Boten wiederzusehen, überrascht, ihn Sklave zu wissen, ganz erfüllt von der Vorstellung, seine Geliebte wiederzufinden, wildklopfenden Herzens, aufgewühlten Gemüts, setzte sich Candide mit Martin, der alle diese Abenteuer gelassen nahm, und mit sechs Fremden zu Tisch, die gekommen waren, den Karneval in Venedig zu verbringen.

Cacambo, der einem der sechs Fremden zu Trinken einschenkte, näherte sich gegen Ende des Mahls dem Ohr seines Herrn und sagte zu ihm: »Sire, Eure Majestät können abreisen, wann Sie wollen, das Schiff liegt bereit.« Nach diesen Worten ging er hinaus. Die Tafelnden schauten sich verwundert an, ohne auch nur ein Wort zu sagen, als ein anderer Diener sich seinem Herrn näherte mit den Worten: »Sire, die Kutsche Eurer Majestät befindet sich in Padua, und die Barke liegt bereit.« Der Herr gab ein Zeichen, und der Diener verschwand. Alle Tafelnden schauten sich erneut an, und die allgemeine Verwunderung wuchs. Ein dritter Diener näherte sich dem dritten Fremden und sagte zu ihm: »Sire, glaubt mir, Eure Majestät sollten hier nicht länger verweilen: ich werde alles vorbereiten.« Und verschwand ebensogleich.

Candide und Martin zweifelten nun nicht mehr daran, daß es sich um einen Karnevalsscherz handelte. Ein vierter Diener sagte zu einem vierten Herrn: »Eure Majestät reisen ab, wann es Ihr beliebt.« Und ging hinaus wie die anderen. Der fünfte Diener sagte ähnliches zum fünften Herrn. Der sechste Diener aber redete anders mit dem sechsten Fremden, der bei Candide saß, er sagte: »Bei meiner Treue, Sire, man will weder Eurer Majestät mehr Kredit geben noch mir, und wir könnten wohl noch diese Nacht im Gefängnis landen, Ihr und ich; ich werde für meine Belange Vorkehrung treffen, adieu.«

Nach dem Verschwinden aller Diener verharrten die sechs Fremden, Candide und Martin in tiefem Schweigen, bis Candide es schließlich brach. »Ihr Herren«, sagte er, »das ist ein wirklich einzigartiger Scherz: Warum seid Ihr alle Könige? Was mich angeht, eröffne ich Euch: ich bin keiner und Martin ist auch nichts dergleichen.«

Der Herr Cacambos ergriff darauf gemessen das Wort und sagte auf italienisch: »Ich spaße keineswegs, ich bin

Achmet III.⁷⁴ Ich war mehrere Jahre Großsultan, ich entthronte meinen Bruder, mein Neffe entthronte mich, meinen Wesiren hat man den Hals abgeschnitten, ich verbringe den Rest meiner Tage im alten Serail; mein Neffe, der Großsultan Mahmud, erlaubt mir bisweilen, für meine Gesundheit zu reisen, und so bin ich gekommen, den Karneval in Venedig zu verbringen.«

Ein junger Mann neben Achmet sprach nach ihm und sagte: »Ich heiße Iwan; ich war Kaiser aller russischen Lande, entthront worden bin ich in der Wiege, mein Vater und meine Mutter wurden eingekerkert, ich bin im Gefängnis aufgewachsen, ich habe manchmal die Erlaubnis zum Reisen in Begleitung meiner Bewacher und bin gekommen, den Karneval in Venedig zu verbringen.«

Der dritte sagte: »Ich bin Karl Eduard, König von England, mein Vater hat mir seine Rechte auf das Königreich abgetreten, ich habe um ihre Behauptung gekämpft, achthundert von meinen Anhängern hat man das Herz aus dem Leib gerissen und um die Ohren geschlagen. Ich wurde ins Gefängnis geworfen, ich bin auf dem Weg nach Rom, den König, meinen Vater, aufsuchen, entthront wie ich und mein Großvater, und bin gekommen, den Karneval in Venedig zu verbringen.«

Drauf ergriff der vierte das Wort und sagte: »Ich bin König der Polacken, das Kriegslos hat mich meiner Erblande beraubt, meinem Vater ist derselbe Unglücksfall zugestoßen, ich ergebe mich in mein Schicksal wie der Sultan Achmet, der Kaiser Iwan und der König Karl Eduard, dem Gott ein langes Leben verleihe, und bin gekommen, den Karneval in Venedig zu verbringen.«

Der fünfte sagte: »Ich bin auch König der Polacken, ich habe mein Königreich zweimal verloren, aber die Vorsehung hat mir einen anderen Staat verschafft, wo ich mehr

Gutes bewirkt habe, als alle Könige der Sarmaten zusammen an den Ufern der Weichsel jemals tun konnten; auch ich füge mich in mein Schicksal und bin gekommen, den Karneval in Venedig zu verbringen.«

Nun blieb noch der sechste Monarch übrig. »Ihr Herren«, sagte er, »ich bin kein so großer Herr wie Ihr, aber schließlich war ich ein König wie jeder andere auch. Ich bin Theodor, man hat mich in Korsika zum König gewählt; man nannte mich *Eure Majestät*, und jetzt nennt man mich mit Müh und Not *Herr*. Ich habe Münzen schlagen lassen und besitze nicht einen Heller, ich hatte zwei Staatssekretäre und habe gerade noch einen Diener, ich saß auf einem Thron und habe lange Zeit in London im Gefängnis gelegen, auf einem Strohlager. Ich fürchte sehr, hier ebenso behandelt zu werden, obwohl ich gekommen bin wie Eure Majestäten, den Karneval in Venedig zu verbringen.«

Die fünf übrigen Könige lauschten diesen Worten mit edlem Mitgefühl. Jeder von ihnen schenkte dem König Theodor zwanzig Zechinen für Rock und Hemden; und Candide machte ihm einen Diamanten von zweitausend Zechinen zum Geschenk. »Wer ist denn wohl bloß«, fragten sich die fünf Könige, »dieser einfache Privatmann, der in der Lage ist, hundertmal mehr zu geben als wir, und der es sogar auch gibt?«

Den Augenblick, als man sich von der Tafel erhob, langten in dem nämlichen Gasthof vier Durchlauchtigste Hoheiten an, die auch ihrer Staaten verlustig gegangen waren durch das Kriegsgeschick und die kamen, den Rest des Karnevals in Venedig zu verbringen. Aber Candide hatte nicht einmal acht auf diese Neuankömmlinge. Sein einziger Gedanke war, seine teure Kunigunde in Konstantinopel wiederzufinden.

SIEBENUNDZWANZIGSTES KAPITEL

Reise Candides nach Konstantinopel

Der treue Cacambo hatte von dem türkischen Schiffer, der den Sultan Achmet zurückgeleiten sollte nach Konstantinopel, schon erwirkt, daß er Candide und Martin an Bord nehme. Der eine wie der andere stellten sich dort ein, nachdem sie sich vor Seiner erbärmlichen Hoheit niedergeworfen hatten. Candide sagte unterwegs zu Martin: »Da waren also doch sechs entthronte Könige, mit denen wir gespeist haben, und dazu gab ich einem noch ein Almosen. Vielleicht gibt es noch viele andere noch unglücklichere Fürsten. Ich dagegen habe nur hundert Hammel verloren und fliege in Kunigundes Arme. Mein lieber Martin, noch einmal: Pangloß hatte recht. Es ist alles gut.« – »Ich wünschte es«, sagte Martin. »Aber«, fand Candide, »das war doch ein recht unwahrscheinliches Abenteuer, das wir da in Venedig hatten. Wo hätte man jemals gesehen oder erzählen hören, daß sechs entthronte Könige in einer Schenke gemeinsam speisten.« – »Solches ist nicht ungewöhnlicher«, sagte Martin, »als die meisten Dinge, die uns geschahen. Es ist durchaus üblich, daß Könige entthront werden, und in Ansehung der Ehre, die uns widerfuhr, mit ihnen zu speisen, ist das eine solche Kleinigkeit, daß sie nicht einmal der Rede wert ist.«

Kaum auf dem Schiff, fiel Candide seinem alten Diener, seinem Freund Cacambo, um den Hals. »Und nun!« fragte er ihn, »was macht Kunigunde? Ist sie immer noch ein Wunder an Schönheit? Liebt sie mich noch? Wie geht es ihr? Du hast ihr sicher in Konstantinopel einen Palast gekauft?«

»Mein lieber Meister«, antwortete Cacambo, »Kunigunde scheuert Tiegel und Pfannen am Ufer des Propontis, bei einem Fürsten, der nur wenige Tiegel und Pfannen besitzt; sie ist Sklavin im Haus eines ehemaligen Herrschers namens Ragotski[75], dem der Großtürke drei Taler täglich in seinem Asyl gibt; was aber weit trauriger ist, sie hat all ihre Schönheit verloren und ist schrecklich häßlich geworden.« – »Pah! Schön oder häßlich«, sagte Candide, »ich bin ein Ehrenmann, und meine Pflicht ist, sie auf immer zu lieben. Aber wie konnte sie denn bloß in solch eine abscheuliche Lage geraten mit den fünf oder sechs Millionen, die du mitbrachtest?« – »Gut denn!« sagte Cacambo, »mußte ich nicht zwei davon dem Senor Don Fernando d'Ibaraa y Figueora y Mascarenes y Lampourdos y Souza, Gouverneur von Buenos Aires, geben für die Erlaubnis, Fräulein Kunigunde wiederzubekommen? Und hat uns nicht ein Pirat sauber den ganzen Rest abgeknöpft? Dieser Pirat, hat er uns nicht zum Kap Matapan geschafft, nach Milo, nach Nicaria, nach Samos, nach Petra, zu den Dardanellen, nach Marmara, nach Skutari? Kunigunde und die Alte dienen bei dem Fürsten, von dem ich Euch sprach, und ich bin Sklave des abgesetzten Sultans.« – »Welch eine Verkettung fürchterlicher Unglücksfälle!« sagte Candide. »Aber schließlich habe ich ja noch ein paar Diamanten; ich werde Kunigunde mit Leichtigkeit freikaufen. Es ist nur jammerschade, daß sie so häßlich geworden ist.«

Dann, zu Martin gewandt: »Wer, denkt Ihr, ist am meisten zu beklagen, der Kaiser Achmet, der Kaiser Iwan, der König Karl Eduard oder ich?« – »Davon weiß ich nichts«, sagte Martin; »ich müßte in Euren Herzen stecken, um das zu wissen.« – »Ach! Wäre Pangloß hier«, sagte Candide, »er wüßte es und würde es uns erklären.« – »Ich weiß nun nicht, auf welcher Waage Euer Pangloß das

Unglück der Menschen wiegen und ihr Leid hätte bestimmen können. Alles, was ich vermute, ist, daß auf Erden Millionen von Menschen hundertmal mehr zu beklagen sind als der König Karl Eduard, der Kaiser Iwan und der Sultan Achmet.« – »Das könnte wohl sein«, sagte Candide.

In wenigen Tagen gelangten sie an die Meerenge zum Schwarzmeer. Candide kaufte zunächst Cacambo für teures Geld zurück und warf sich, ohne Zeit zu verlieren, mit seinen Gefährten in eine Galeere, um an die Gestade des Propontis zu gelangen, Kunigunde zu suchen, wie häßlich sie auch immer sein mochte.

Unter den Galeerensklaven waren auch zwei Sträflinge, die sehr schlecht ruderten und denen der Levanteschiffer von Zeit zu Zeit Hiebe mit dem Ochsenziemer auf die nackten Schultern gab; einer natürlichen Regung folgend, betrachtete Candide sie aufmerksamer als die anderen Galeerensklaven und näherte sich ihnen voller Mitleid. Einige Züge ihrer entstellten Gesichter schienen ihm eine gewisse Ähnlichkeit mit Pangloß zu haben und jenem unglücklichen Jesuiten, dem Baron, dem Bruder Fräulein Kunigundes. Diese Vorstellung bewegte und betrübte ihn. Er beschaute sie noch aufmerksamer. »Also wirklich«, sagte er zu Cacambo, »hätte ich nicht Meister Pangloß hängen sehen, und wäre mir nicht das Unglück widerfahren, den Baron zu töten, würde ich schwören, sie sind es, die auf dieser Galeere rudern.«

Beim Namen des Barons und Panglossens stießen die beiden Sträflinge einen lauten Schrei aus, hielten inne auf ihrer Bank und ließen die Ruder sinken. Der Levantefahrer lief herzu, und die Schläge mit dem Ochsenziemer klatschten auf sie nieder. »Haltet ein, Herr, haltet ein«, schrie Candide, »ich gebe Euch soviel Geld, wie Ihr wollt.« – »Was! Das ist Candide!« sagte einer der Sträflinge. »Was? Das ist

Candide?« sagte der andere. »Ist das ein Traum?« sagte Candide; »wache ich? Bin ich auf dieser Galeere? Ist das der Herr Baron, den ich umgebracht habe? Und das dort Meister Pangloß, den ich hängen sah?«

»Wir sind es, wir sind es selbst«, antworteten sie. »Was? Das da ist der große Philosoph?« fragte Martin. »He! Herr Levantefahrer«, sagte Candide, »wieviel Geld wollt Ihr als Auslösung für Herrn von Thunder-ten-tronckh, einen der Ersten Barone des Reichs, und Herrn Pangloß, den tiefsinnigsten Metaphysikus Deutschlands?« – »Christenhund«, antwortete der Levantefahrer, »da diese zwei Hunde von Christensträflingen Barone und Metaphysici sind, was in ihren Ländern sicher eine große Würde bedeutet, wirst du mir dafür fünfzigtausend Zechinen geben.« – »Ihr sollt sie haben, Herr, bringt mich nur wie der Blitz nach Konstantinopel, und Ihr sollt auf der Stelle bezahlt werden. Oder nein, bringt mich zu Fräulein Kunigunde.« Der Levantefahrer hatte schon beim ersten Angebot Candides den Bug auf die Stadt wenden lassen und ließ schneller rudern, als ein Vogel die Lüfte zerteilt.

Hundertmal umarmte Candide den Baron und Pangloß. »Und wie kommt es, daß ich Euch nicht tötete, mein lieber Baron? Und mein lieber Pangloß, wie seid Ihr nur am Leben, nachdem Ihr gehängt wurdet? Und warum seid Ihr beide auf der Galeere in der Türkei?« – »Stimmt es wirklich, daß meine teure Schwester sich in diesem Land befindet?« – »Ja«, gab Cacambo zur Antwort. »So sehe ich also meinen lieben Candide wieder«, rief Pangloß. Candide stellte ihnen Martin und Cacambo vor. Sie umarmten sich alle, alle redeten sie durcheinander. Die Galeere flog dahin, schon waren sie im Hafen. Man ließ einen Juden kommen, dem Candide für fünfzigtausend Zechinen einen Diamanten im Wert von hunderttausend verkaufte und der ihm bei Abraham schwor, er könne nicht mehr dafür geben. Er zahlte sogleich die Ablösesumme für den Baron und Pangloß. Dieser warf sich seinem Befreier zu Füßen und benetzte sie mit Tränen, jener dankte ihm mit einem Neigen des Kopfs und versprach, ihm das Geld bei der ersten Gelegenheit zurückzugeben. »Ist es denn wirklich möglich, daß meine Schwester in der Türkei ist?« – »Nichts ist so gut möglich wie dies«, gab Cacambo zurück, »scheuert sie doch bei einem Fürsten von Transsylvanien das Geschirr.« Man ließ sogleich zwei Juden kommen; Candide verkaufte weitere Diamanten, und sie reisten alle in einer anderen Galeere ab, um Kunigunde zu befreien.

ACHTUNDZWANZIGSTES KAPITEL

Was Candide, Kunigunde, Pangloß, Martin usw. widerfuhr

»Vergebt noch einmal«, sagte Candide zum Baron, »vergebt, Ehrwürdiger Pater, daß ich Euch einen solchen Degenstoß durch den Leib versetzt habe.« – »Reden wir nicht mehr davon«, erwiderte der Baron; »ich war ein wenig zu hitzig, ich gesteh's; aber da Ihr nun mal erfahren wollt, durch welches Ungefähr Ihr mich auf den Galeeren fandet, will ich Euch berichten, daß ich, nach meiner Genesung von der Wunde durch den Bruder Apotheker des Kollegiums, von einem Trupp Spanier angegriffen und verschleppt wurde; in Buenos Aires warf man mich ins Gefängnis zu eben der Zeit, als meine Schwester gerade von dort abreiste. Ich verlangte, daß man mich nach Rom zum Pater General zurückkehren ließ. Ich wurde drauf zum Almosenier in Konstantinopel bestimmt beim Herrn Botschafter von Frankreich. Nach nicht einmal acht Tagen im Amt fand ich gegen Abend einen Icoglan,[76] jung und sehr wohlgestalt. Es war sehr heiß: der junge Mann wollte baden; ich nahm die Gelegenheit, auch zu baden. Ich wußte nicht, daß es ein Hauptverbrechen ist für einen Christen, nackt mit einem jungen Muselmann angetroffen zu werden. Ein Kadi ließ mir hundert Stockhiebe auf die Fußsohlen geben und verurteilte mich zu den Galeeren. Ich glaube nicht, daß je eine schrecklichere Ungerechtigkeit begangen wurde. Ich wüßte aber doch gern, warum meine Schwester in der Küche eines Herrschers von Transsylvanien ist, der sich zu den Türken geflüchtet hat.«

»Und Ihr, mein lieber Pangloß«, sagte Candide, »wie kommt es, daß ich Euch wiedersehe?« – »Es stimmt«, sagte Pangloß, »Ihr habt mich hängen sehen; nach Billigkeit und Gebrauch hätte ich verbrannt werden sollen, Ihr erinnert Euch aber, daß es wie aus Kübeln goß, als man daranging, mich zu rösten: das Unwetter war so heftig, daß man es aufgab, das Feuer anzufachen; ich wurde gehängt, weil man sich nicht besser zu behelfen wußte: ein Bader kaufte meinen Leib, trug mich in sein Haus und zergliederte mich. Zunächst machte er mir einen Kreuzschnitt vom Nabel bis zum Schlüsselbein. Schlechter als ich konnte man gar nicht gehängt sein. Der Scharfrichter der Heiligen Inquisition, ein Subdiakon, verstand sich zwar wunderbar aufs Verbrennen, aber mit dem Hängen hatte er keine Erfahrung: der Strick war feucht und rutschte schlecht, und die Schlinge verknotete sich; am Ende atmete ich noch: Bei dem Kreuzschnitt stieß ich einen solchen Schrei aus, daß mein Bader hintenüber fiel, im Glauben, er zergliedere den Leibhaftigen, in Todesangst davonrannte und dabei auch noch die

Treppe hinunterstürzte. Auf den Lärm rannte seine Frau aus einem Nebenzimmer herbei, sieht mich auf dem Tisch ausgestreckt mit meinem Kreuzschnitt: sie bekam noch größere Angst als ihr Mann, lief davon und fiel über ihn. Als sie ihre Sinne wieder in eins hatten, hörte ich die Baderin zum Bader sagen: ›Mein Guter, was laßt Ihr Euch auch beifallen, einen Ketzer zu zergliedern? Wißt Ihr nicht, daß denen immer der Teufel im Leib steckt? Ich will schnell einen Priester suchen, ihn zu beschwören.‹ Bei diesem Vorschlag erzitterte ich und nahm die wenigen mir verbliebenen Kräfte zusammen, um zu schreien: ›Habt Mitleid mit mir!‹ Schließlich faßte sich der portugiesische Bader ein Herz; er nähte meine Haut wieder zusammen; seine Frau pflegte mich sogar; nach vierzehn Tagen war ich wieder auf den Beinen. Der Bader fand mir auch einen Dienst, und ich wurde Lakai eines Malteserritters, der nach Venedig reiste; da mich mein Meister aber nicht bezahlen konnte, begab ich mich in den Dienst eines venezianischen Kaufmanns und folgte ihm nach Konstantinopel.

Eines Tages kam mich die Lust an, eine Moschee zu betreten; es war darin nur ein alter Imam und eine junge, sehr hübsche Beterin, die ihre Paternoster sprach; ihr Busen war ganz entblößt: zwischen ihren Brüsten hatte sie ein hübsches Sträußchen aus Tulpen, Rosen, Anemonen, Ranunkeln, Hyazinthen und Aurikeln; sie ließ das Sträußchen fallen; ich hob es auf und steckte es ihr wieder an mit respektvollem Eifer. Ich verweilte beim Wiederanbringen so lange, daß der Imam in Zorn geriet und, als er sah, daß ich Christ war, um Hilfe rief. Man brachte mich vor den Kadi, der mir hundert Stockhiebe auf die Fußsohlen geben ließ und mich auf die Galeere schickte. Angekettet wurde ich auf derselben Galeere und derselben Ruderbank wie der Herr Baron. Auf dieser Galeere waren vier junge Leute aus

Marseille, fünf neapolitanische Priester und zwei Mönche aus Korfu, die uns sagten, daß solche Abenteuer an der Tagesordnung seien. Der Herr Baron behauptete, eine größere Ungerechtigkeit erlitten zu haben als ich, ich dagegen behauptete, es sei viel eher erlaubt, ein Sträußchen am Busen einer Frau zu befestigen, als mit einem Icoglan nackt zusammen zu sein. Wir stritten ohne Unterlaß und erhielten täglich zwanzig Hiebe mit dem Ochsenziemer, als die Verkettung der Umstände dieses Universums Euch auf unsere Galeere führte und Ihr uns loskauftet.«

»Nun denn! Mein lieber Pangloß«, sagte Candide zu ihm, »als Ihr gehängt wurdet, zergliedert, ausgepeitscht und auf der Galeere rudertet, habt ihr da immer gedacht, alles stehe zum besten auf der Welt?« – »Ich bin immer noch meiner anfänglichen Meinung«, antwortete Pangloß, »denn schließlich und endlich bin ich Philosoph: es kommt mir nicht zu, mein Wort zu widerrufen, da Leibniz nicht unrecht haben kann und die prästabilierte Harmonie das Schönste auf der Welt ist, genauso wie der erfüllte Raum und die immaterielle Substanz.«[77]

NEUNUNDZWANZIGSTES KAPITEL

Wie Candide Kunigunde und die Alte wiederfand

Während Candide, der Baron, Martin und Cacambo einander ihre Abenteuer erzählten, während sie Betrachtungen anstellten über die zufälligen und die nicht zufälligen Begebenheiten dieses Universums, während sie stritten über die Wirkungen und die Ursachen, über das moralische und das physische Übel, über Freiheit, Notwendigkeit, über Tröstungen, die man erfahren kann, während man auf den Galeeren in der Türkei ist, gelangten sie an die Gestade des Propontis, zum Haus des Fürsten von Transsylvanien. Das erste, was ihnen vor Augen kam, waren Kunigunde und die Alte, die Handtücher zum Trocknen auf die Leine hängten.

Der Baron erbleichte bei diesem Anblick. Candide, der zärtliche Liebende, erblickte seine schöne Kunigunde, die Augen blutunterlaufen, mit dunkel verbrannter Haut, vertrocknetem Busen, verrunzelten Wangen, mit roten, schrundigen Armen, und wich von Schrecken gepackt drei Schritte zurück, ging dann aus Artigkeit wieder auf sie zu. Sie umarmte Candide und ihren Bruder; man umarmte die Alte: Candide kaufte sie beide frei.

In der Nachbarschaft lag ein kleiner Gutshof: die Alte schlug Candide vor, sich damit so lange zu bequemen, bis der ganze Trupp eine bessere Bestimmung gefunden habe. Kunigunde wußte nicht, daß sie häßlich geworden war, niemand hatte es ihr zu verstehen gegeben: Sie erinnerte Candide in solch entschiedenem Ton an seine Versprechen, daß der gute Candide nicht wagte, sich zu weigern. Er bedeutete also dem Baron, daß er gedenke, seine Schwester zu heiraten. »Niemals werde ich solch eine Niedertracht von ihrer Seite leiden«, sagte der Baron, »noch solch eine Dreistigkeit von der Euren; solche Ehrlosigkeit wird mir nie vorgeworfen werden: die Kinder meiner Schwester könnten ja nicht in ein Ritterordenskapitel in Deutschland aufgenommen werden. Nein, niemals! Meine Schwester heiratet nur einen Reichsfreiherrn.« Kunigunde warf sich zu seinen Füßen und benetzte sie mit Tränen; er blieb unbeugsam. »Du Erznarr«, sagte Candide zu ihm, »dich habe ich von der Galeere geholt, deine Ablösung bezahlt, die deiner Schwester bezahlt; sie scheuerte hier Töpfe, sie ist häßlich, ich schäme mich, sie zu meiner Frau zu machen, und du machst immer noch Anspruch darauf, dich dem zu widersetzen! Ich würde dich noch einmal umbringen, wenn ich meinem Zorn nachgäbe.« – »Du kannst mich noch einmal töten«, sagte der Baron, »zu meinen Lebzeiten wirst du meine Schwester nicht heiraten.«

DREISSIGSTES KAPITEL

Schluß

Candide verspürte im Grunde seines Herzens überhaupt keine Lust, Kunigunde zu heiraten. Die ausnehmende Unverschämtheit des Barons aber bestimmte ihn, die Ehe zu schließen, und Kunigunde drängte ihn so heftig, daß er sein Wort nicht widerrufen konnte. Er zog Pangloß, Martin und den treuen Cacambo zu Rate. Pangloß verfaßte eine schöne Abhandlung, mit der er bewies, daß der Baron über seine Schwester keinerlei Recht besitze und daß sie gemäß allen Reichsgesetzen Candide heiraten könne, zur linken Hand. Martin schloß, man solle den Baron ins Meer werfen. Cacambo entschied, man müsse ihn dem Levantefahrer ausliefern und ihn wieder auf die Galeere setzen, wonach man ihn nach Rom zum Pater General schicken könnte mit dem ersten besten Schiff. Der Rat wurde für sehr gut befunden; die Alte stimmte ihm zu; seiner Schwester sagte man nichts davon; die Angelegenheit wurde für ein weniges an Geld ausgeführt, und so hatte man das Vergnügen, einen Jesuiten zu schabernacken und den Dünkel eines Reichsbarons zu bestrafen.

Es wäre nun ganz natürlich anzunehmen, daß Candide nach so vielen Schicksalsschlägen, verheiratet mit seiner Geliebten und im Zusammenleben mit dem Philosophen Pangloß, dem Philosophen Martin, dem klugen Cacambo und der Alten, mit all den Diamanten aus der Heimat der alten Inkas, das angenehmste Leben der Welt führen würde; er wurde aber derartig von den Juden betrogen, daß ihm nichts mehr als sein kleiner Gutshof blieb; seine Frau, die täglich häßlicher wurde, war zänkisch und unausstehlich; die Alte war kränklich und wurde noch übler Laune als Kunigunde. Cacambo, der im Garten arbeitete und auf den Markt ging, das Gemüse in Konstantinopel zu verkaufen, war von der Arbeit abgemattet und verwünschte sein Geschick. Pangloß war in Verdruß, nicht an irgendeiner Universität Deutschlands glänzen zu können. Martin seinerseits war unbeirrbar davon überzeugt, daß es einem überall gleich schlecht ergehe; er nahm die Dinge gelassen. Candide, Martin und Pangloß disputierten manches Mal über Metaphysik und Moral. Oft sah man unter den Fenstern des Gutshofs Boote vorüberziehen, voll mit Effendis, Paschas oder Kadis, die in die Verbannung nach Lemnos, Mytilene und Erzerum geschickt wurden. Man sah andere Kadis, andere Paschas, andere Effendis kommen, die Plätze der Verbannten einnehmen und ihrerseits verbannt werden. Man sah sauber in Stroh verpackte Köpfe, die der Hohen Pforte gebracht wurden. Dieser Anblick verdoppelte noch ihre Erörterungen, und wenn sie nicht disputierten, war die Langeweile so übermäßig, daß die Alte ihnen eines Tages zu sagen wagte: »Ich möchte doch gerne wissen, was schlimmer ist, hundertfach von Negerpiraten genotzüchtigt zu werden, eine Hinterbacke abgeschnitten zu bekommen, Spießrutenlaufen bei den Bulgaren, ausgepeitscht und gehenkt zu werden in einem Autodafé, zergliedert zu werden, auf der Galeere zu rudern, schließlich alles Elend zu erleiden, das wir alle erlitten, oder aber hier sitzen und nichts zu tun haben?« – »Das ist eine gewichtige Frage«, sagte Candide.

Diese Rede war Ausgang für neue Überlegungen, und Martin vor allem kam zu dem Schluß, der Mensch sei geboren, um in Zuckungen der Unrast zu leben oder in Trägheit der Langeweile. Candide stimmte damit nicht überein, aber er behauptete nichts anderes. Pangloß gestand, er habe immer schrecklich gelitten; da er aber nun einmal verteidigt habe, daß alles zum besten stünde, bleibe er dabei, ohne daran zu glauben.

Eine Sache bestätigte Martin nun vollends in seinen abscheulichen Grundsätzen, machte Candide unschlüssiger denn je und setzte Pangloß in Verlegenheit. Eines Tages nämlich sahen sie Maßliebchen und Bruder Goldlack bei dem Hof auftauchen, im allerelendesten Zustand; sie hatten bald ihre dreitausend Piaster verbraucht, hatten sich getrennt, hatten sich wieder versöhnt, hatten sich entzweit, waren ins Gefängnis gesteckt worden, waren geflohen, und schließlich war Bruder Goldlack Türke geworden. Maßliebchen übte weiterhin überall ihr Gewerbe aus und verdiente nichts mehr dabei. »Ich hatte es genauso vorausgesehen«, sagte Martin zu Candide, »daß Eure Geschenke bald durchgebracht wären und sie nur noch elender machen würden. Ihr strotztet vor Millionen von Piastern, Ihr und Cacambo, und seid nicht glücklicher als Bruder Goldlack und Maßliebchen.« – »Ei, ei!« sagte Pangloß zu Maßliebchen, »da führt Euch ja der Himmel hierher zu uns, mein armes Kind! Wißt Ihr wohl, daß Ihr mich die Nasenspitze, ein Ohr und ein Auge gekostet habt? Und wie seht Ihr nun selber aus! Ach, was ist das bloß für eine Welt!« Dieses neue Abenteuer veranlaßte sie mehr denn je zum Philosophieren.

In ihrer Nachbarschaft gab es einen sehr berühmten Derwisch, der für den besten Philosophen der Türkei galt; sie gingen, ihn um Rat zu fragen; Pangloß führte das Wort und sagte zu ihm: »Meister, wir kommen, Euch zu bitten, daß Ihr uns sagt, warum ein so sonderbares Lebewesen wie der Mensch geschaffen wurde.«

»Was geht's dich an?« sagte der Derwisch, »ist das deine Angelegenheit?« – »Aber, Ehrwürdiger Vater«, sagte Candide, »es gibt schrecklich viel Elend auf der Welt.« – »Was tut's«, sagte der Derwisch, »ob es Gutes oder Böses gibt? Wenn der Großherr ein Schiff nach Ägypten entsendet, bekümmert er sich etwa, ob die Mäuse in dem Schiff sich wohl befinden oder nicht?« – »Was also ist zu tun?« fragte Pangloß. »Schweigen«, sagte der Derwisch. »Ich hatte mir geschmeichelt«, sagte Pangloß, »mich mit Euch ein wenig unterreden zu können über Wirkungen und Ursachen, die beste aller möglichen Welten, die Natur der Seele, den Ursprung des Übels und die prästabilierte Harmonie.« Bei diesen Worten schloß ihnen der Derwisch die Tür vor der Nase.

Während dieser Unterhaltung hatte sich die Neuigkeit verbreitet, daß in Konstantinopel gerade zwei Wesire des Staatsrats und der Mufti erdrosselt und mehrere ihrer Freunde gepfählt worden seien. Dieses furchtbare Ereignis verursachte einige Stunden großen Lärm. Pangloß, Candide und Martin trafen auf dem Rückweg zum kleinen Hof einen guten Alten, der vor seiner Tür unter einer Laube von Orangenbäumen die Kühle genoß. Pangloß, der ebenso neugierig wie schwatzhaft war, fragte ihn, wie der Mufti heiße, den man gerade erdrosselt hatte. »Ich weiß es nicht«, antwortete der gute Mann, »und ich habe noch nie den Namen irgendeines Mufti oder irgendeines Wesirs gekannt. Ich weiß überhaupt nichts von dem Ereignis, das Ihr mir berichtet; ich vermute, daß im allgemeinen jene, die sich in die öffentlichen Angelegenheiten mischen, manchmal elendiglich zugrunde gehen und daß sie es verdienen; aber ich erkundige mich nie nach dem, was man in Konstantinopel tut; ich begnüge mich damit, dort die Früchte zu verkaufen aus dem Garten, den ich bestelle.« Nach diesen Worten bat er die Fremden in sein Haus: seine beiden Töchter und Söhne boten ihnen mehrere Sorten Sorbets dar, die sie selbst zubereiteten; Kaimak mit eingelegter Cedrat-Rinde gewürzt, Apfelsinen, Zitronen, Limonen, Ananas, Pistazien, Kaffee aus Mokka, der nicht gemischt war mit dem schlechten Bataviakaffee und dem von den Inseln. Wonach die beiden Töchter des guten Muselmanns die Bärte von Candide, Pangloß und Martin mit wohlriechenden Essenzen besprengten.

»Ihr müßt einen ausgedehnten und prächtigen Landbesitz haben?« sagte Candide zu dem Türken. »Ich besitze nur zwanzig Morgen«, antwortete der Türke, »ich bestelle sie mit meinen Kindern; die Arbeit hält drei große Übel von uns fern: die Langeweile, das Laster und die Not.«

Candide stellte auf dem Rückweg zu seinem Hof tiefsinnige Überlegungen zum Gespräch mit dem Türken an. Zu Pangloß und Martin sagte er: »Mir scheint, dieser gute Greis hat sich ein Los erwählt, das bei weitem dem der sechs Könige vorzuziehen ist, mit denen wir die Ehre hatten zu speisen.« – »Größe«, sagte Pangloß, »ist sehr gefährlich, nach den Zeugnissen aller Philosophen: denn schließlich wurde Eglon, der König der Moabiter, von Ehud ermordet, Absalom hängte sich an den Haaren auf und wurde von drei Wurfspießen durchbohrt, der König Nadab, Sohn des Jerobeam, wurde von Baasa getötet, König Ela von Simri, Ahasja von Jehu, Athalja von Johada; die Könige Joakim, Jekonias und Zedekia wurden zu Sklaven gemacht; Ihr wißt, wie sie zugrunde gingen; Krösus, Astyages, Darius, Dionys von Syrakus, Pyrrhus, Perseus, Hannibal, Jugurtha, Ariovist, Cäsar, Pompeius, Nero, Otho, Vitellius, Domitian, Richard II. von England, Eduard II., Heinrich IV., Richard III., Maria Stuart, Karl I., die drei Heinriche von Frankreich, der Kaiser Heinrich IV. Ihr wißt...« – »Ich weiß auch«, sagte Candide, daß wir unseren Garten bestellen müssen.« – »Recht habt Ihr«, sagte Pangloß, »denn als der Mensch in den Garten Eden gesetzt wurde, kam er dahin *ut operaretur eum,* daß er ihn bearbeite, was beweist, daß der Mensch nicht zur Muße geboren wurde.« – »Wir wollen arbeiten, ohne zu philosophieren«, sagte Martin, »das ist das einzige Mittel, das Leben erträglich zu machen.«

Die ganze kleine Gesellschaft machte sich diese löbliche Absicht zu eigen, ein jeder machte sich daran, seine Gaben zu entfalten. Das kleine Gut brachte viel ein. Kunigunde war wirklich sehr häßlich, aber sie wurde eine ausgezeichnete Kuchenbäckerin; Maßliebchen stickte, die Alte kümmerte sich um die Wäsche. Selbst Bruder Goldlack erwies sich als nützlich; er wurde ein sehr guter Tischler, es wurde aus ihm sogar ein redlicher Mensch, und Pangloß sagte manches Mal zu Candide: »Alle Ereignisse sind miteinander verknüpft in der besten aller möglichen Welten; denn wärt Ihr schließlich nicht aus einem schönen Schloß mit derben Fußtritten in den Hintern davongejagt worden, der Liebe zu Fräulein Kunigunde wegen, wärt Ihr nicht der Inquisition in die Hände gefallen, hättet Ihr nicht Amerika zu Fuß durchquert und nicht dem Baron einen Degenstoß versetzt, hättet Ihr nicht alle Eure Hammel aus dem guten Land Eldorado verloren, dann würdet Ihr hier keine eingemachten Cedern und Pistazien essen.« – »Das ist wohl gesprochen«, antwortete Candide, »aber wir müssen unseren Garten bestellen.«

ANHANG

ANMERKUNGEN

Der Text wurde übersetzt nach der Pléiade-Ausgabe: Voltaire: Romans et contes. Edition établie par Frédéric Deloffre et Jacques van den Heuvel. Paris 1979.

1 Titel und Untertitel sind eine programmatische Exposition der Erzählung. Seinem Candide, dem Arglosen, Reinen, Naiven, Treuherzigen, Lauteren (das lat. Candidatus ist eine Ableitung aus Candidus, d.h.: mit dem die Probe des Optimismus aufs Exempel der Realität gemacht wird) gibt Voltaire – in der Tradition doppelter Titel bei den Romanen des 17. Jh.s – den Neologismus »Optimismus« bei, der in seiner ursprünglichen Bedeutung, wie ihn die jesuitischen ›Mémoires de Trévoux‹ 1737 zum ersten Mal verwenden, ein philosophischer Fachbegriff war und das Leibnizsche philosophische System bezeichnete. Die Verwendung bei Voltaire ist polemisch, eine Art Kampfbegriff in seiner gegen Leibniz und Wolff gerichteten Parodie. Der später hinzugefügte Untertitel, der einen fiktiven Doktor Ralph als den Verfasser angibt, hängt einmal mit dem nicht ungewöhnlichen Versteckspiel der Autoren der Zeit zusammen – der Roman ist immer noch keine klassische Literaturgattung (und Voltaire selbst bezeichnet Romane als »choses indignes d'un esprit solide«). Zum anderen erhält seine Polemik durch seine angebliche Nur-Herausgeberschaft eine historische Unterfütterung und damit einen Zugewinn an Wahrscheinlichkeit, wobei dieser uralte ›Chronisten‹-Trick bei Voltaire aber auch schon Teil des ironischen Spiels geworden ist. Zum dritten ist der fiktive Autor Dr. Ralph ein weiterer, noch dazu angeblich deutscher Bündnisparter für die Kritik am Leibnizschen System.

Zudem wurde ›Candide‹ vom Rat der Stadt Genf, dem Erscheinungsort der Erstausgabe, verboten, woraufVoltaire in mehreren Briefen die Autorschaft leugnete. Das Verbot war für ihn nicht ungefährlich, da er zu dieser Zeit noch seinen Genfer Grundbesitz ›Les Délices‹ bewohnte.

Der Siebenjährige Krieg, eine der Kulissen der Handlung des ›Candide‹ (er wurde während der Ereignisse des Siebenjährigen Krieges verfaßt) ist per se ein schlagendes Gegenargument gegen Panglossens ›Optimismus‹-Rabulistik, als ein in den Augen der Zeitgenossen weiteres sinnloses dynastisches Massaker des 18. Jh.s, das in seinem Verlauf alle Länder Europas politisch oder militärisch verwickelte.

In Minden in Westfalen wurde die französische Armee 1759 geschlagen. Der Name des Ortes stellt also auch einen Bezug zu diesem Krieg her.

2 Auf seinen Reisen nach Preußen kam Voltaire mehrmals durch Westfalen, das er als »abscheuliches Westfalen«, als rückständige, katholische Provinz bezeichnete. Hier liegt Candides erstes ›Paradies‹, was in der Folge als Vergleichsmaßstab Candides für andere Orte und andere ›Paradiese‹ die Ironie noch verstärkt.

3 Wenn ein Ahne eine Generation zählt, dann repräsentieren einundsiebzig Ahnen über zweitausend Jahre. Dieses Motiv des unerhörten deutschen Adels-Dünkels bleibt bis zum Ende der Erzählung auch einer der Motoren der Handlung.

4 Die Hl. Kunigunde von Luxemburg (gest. 1033) hatte als Gemahlin des Kaisers Heinrichs II. das Gelöbnis ewiger Enthaltsamkeit und Keuschheit abgelegt und – nach der Legende – auch eingehalten. Voltaire stimmt auch in der Namensgebung der kleinen Kunigunde durch das Gefälle zwischen Urbild und Bild den Leser ironisch auf das Kommende ein.

5 Pangloß, der ›alles Glossierende‹, Kommentierende.

Kosmolonarrologie: hier Bezug auf den Jesuiten Castel, der in den ›Mémoires de Trévoux‹ Leibniz' System eine »doctrine physico-géométrico-théologique« nannte, und Christian Wolff, Popularisierer des Leibniz'schen Systems und der Verfasser einer Kosmologie (›Studium der allgemeinen Gesetze des Universums und seiner Zusammensetzung in experimenteller wie metaphysischer Hinsicht‹), die Voltaire gelesen hatte und kritisch ablehnte. Wolff brachte den Begriff ›Kosmologie‹ auch in Mode. Die Verballhornung zielt aber auch auf Voltaires Berliner Erzfeind Maupertius, der ebenfalls einen ›Essai de cosmologie‹ verfaßt hat.

Ebenso wie ›Die beste aller möglichen Welten‹ parodieren die stereotyp wiederholten Begriffe vom ›moralischen Übel‹ (Sünde), vom ›physischen Übel‹ (Leid) und vom ›zureichenden Grund‹ (Theodizee) Leibnizens Diktion, wie ›Keine Wirkung ohne Ursache‹ die Dialektik Wolffs. Panglossens Vortrag ist eine Parodie der Wolff'schen Methode, mit der alles durch Deduktion bewiesen werden sollte.

6 Anspielung auf Alexander Pope, der den Gedanken Leibniz' nahe-

stand und sein Lehrgedicht ›Essay on man‹, in dem es heißt: »Whatever is, is right«.
7 Versteckte Anspielung auf ein im 18. Jh. berühmtes Buch des Abbé Nollet: ›Leçons de physique expérimentale‹, das Voltaire mit dem Satz kommentierte: »Die ganze Theodizee von Leibniz ist nicht ein Experiment Nollets wert.«
8 1698 hatte Friedrich I. im preußischen Heer die blaue Uniform eingeführt. Seine Soldatenwerber, die mit den dubiosesten und brutalsten Mitteln arbeiteten, waren überall gefürchtet.
9 Bulgaren und Abaren: beabsichtigt ist der Anklang an ›Barbaren‹. Aus dem Wort Bulgare ist im Französischen das Schimpfwort »bougre« geworden mit einer Anspielung auf Homosexualität. Friedrich der Große galt als homosexuell.
10 Anspielung auf die weitverbreiteten Desertionen der gepreßten Soldaten, auf die immer die Todesstrafe stand.
11 Eine Anekdote des Diogenes Laertius über Diogenes. Nachdem Plato den Menschen definiert hatte als ein Wesen mit zwei Beinen ohne Federn, brachte ihm Diogenes einen gerupften Hahn in seine Akademie mit den Worten: »Hier ist der Mensch gemäß Platon.« Worauf dieser seiner Definition hinzugefügt habe: »... und mit flachen und breiten Nägeln.«
12 Die Unzucht und vor allem die Unbildung der Franziskaner waren sprichwörtlich. Ebenso wie die Homosexualität der Jesuiten.
13 Oder Kaktusschildlaus, Cochenille, Coccinelle, aus der eine rote Farbe zum Stofffärben gewonnen wurde.
14 Die größte französische Kanone verschoß Kugeln von 24 Pfund. Das Bajonett wurde 1670 erfunden und fand im 18. Jh. rasche Verbreitung.
15 Auf diesen Gedanken der Theodizee von Leibniz, daß nämlich das private Unglück zum allgemeinen Glück beitragen soll, geht Voltaire schon in seinem ›Poème sur le désastre de Lisbonne‹ (1756) ein: »Et vous composerez dans ce chaos fatal/Des malheurs de chaque être un bonheur général!«
16 a priori: nicht empirisch, sondern nach der logischen Ordnung der Argumente und von allgemeinen Grundsätzen ausgehend.
17 Das Erdbeben vom 1. November 1755, mit 25–30000 Toten, erschütterte die Öffentlichkeit ganz Europas.
18 Seit dem 17. Jh. war es Ausländern untersagt, die japanischen Inseln zu betreten. Nur die Holländer durften in Nagasaki Handel

treiben unter der Bedingung, daß sie auf alle christlichen Zeichen verzichteten und bei der Landung über ein am Boden liegendes Kreuz liefen. Voltaire hat diese Einzelheiten in seinem ›Essai sur les mœurs‹ zitiert.

19 Hier konfrontiert Voltaire listig die Leibnizianer aus dem Munde der Orthodoxie mit ihrem eigenen Widerspruch zum christlichen Dogma von der Erbsünde. Im Vorwort zum ›Poème sur le désastre de Lisbonne‹ (1756) schreibt er dazu: »Wenn alles gut ist, ist es demnach falsch, daß der Mensch sündig sei. Wenn die allgemeine Ordnung erfordert, daß alles so ist wie es ist, dann ist also die menschliche Natur nicht verdorben, sie hat demnach keinen Erlöser nötig. Wenn die Welt, so wie sie ist, die beste aller möglichen Welten ist, dann kann man nicht auf eine glückliche Zukunft hoffen...«

20 Autodafé: actus fidei – Glaubensakt. In den Kernländern des Katholizismus und der Inquisition die öffentliche Verbrennung von Juden und ›Ketzern‹. Die Einzelheiten entnimmt Voltaire einer im 18. Jh. weitverbreiteten Reisebeschreibung von Dellon, ›Relation de l'Inquisition de Goa‹ (1688).

21 Sitz einer der vier portugiesischen Inquisitionen. Die anderen waren Lissabon, Devora und Goa.

22 »Der Pate und die Patin eines Kindes sind Gevatter und Gevatterin zueinander. Vater und Mutter des Kindes sind Gevatter und Gevatterin zu denen, die Pate oder Patin ihres Kindes gewesen sind. Es besteht eine spirituelle Verwandtschaft zwischen dem Kindsvater und der Gevatterin, die Patin wurde, sie können nicht heiraten ohne Dispens.« (Furetière) Ebenso war die Heirat verboten zwischen dem Kind und seiner Patin oder seinem Paten. Die Taufe, bei der Pate und Patin das Kind über das Taufbecken halten, schafft also eine spirituelle Verwandtschaft.
Durch das Entfernen der Bratspeckstreifen haben sich beide als Juden entdeckt, denen der Verzehr von Schweinefleisch verboten ist.

23 Halblanger Überwurf, den die zur Verbrennung verurteilten Inquisitionsopfer bei der Prozession trugen. (Auch hier diente Dellon, ›Relation de l'Inquisition de Goa‹, Voltaire als Quelle.)

24 Gregorianischer Gesang, bei dem der Baß die Oberstimme bildet.

25 In Galiläa liegt Nazareth, wo Jesus aufwuchs. Die Beschimpfung richtet sich gegen Kunigunde als Christin.

26 Die Santa Hermandad (Heilige Bruderschaft): ehemals Schutz- und Trutzbündnis der Städte Kastiliens und Leons gegen den

Hochadel, ist die Santa Hermandad ab dem 16. Jh. eine Art Gendarmerie geworden, die im Dienste der Inquisition gestanden haben soll.
27 Alte Goldmünze, entspricht dem französischen écu (Taler).
28 Der König von Spanien hatte Sacramento vertraglich an die Portugiesen abgetreten. Die Stadt lag mitten in dem Gebiet, das die Jesuiten seit 1608 beherrschten. Man unterstellte, daß sie nichtseßhafte Indiostämme aufgewiegelt hätten. 1755/56 startete von Cadix aus eine Strafexpedition, in die auch Voltaire Geld investiert hatte.
29 Einen Papst Urban X. hat es nicht gegeben. Die Stadt Palestrina gehörte der Familie Barberini, die den Papst Urban VIII. stellte.
30 Stadt an der marokkanischen Küste. Ein berüchtigter Seeräuberstützpunkt.
31 »Welch Unglück, keine Hoden zu haben!«
32 Der Kastrat Gaetan Majorano, genannt Caffarelli, feierte 1753 in Paris Triumphe. Der Sänger Farinelli war Favorit Philipps V. und Ferdinands VI. von Spanien.
33 Gemeint ist Portugal, das während des Spanischen Erbfolgekriegs das Bündnis mit Muley-Ismael suchte.
34 Russisch-türkischer Krieg, der 1739 zu Ende ging. Seit 1774 ist Asow russisch.
35 Robeck ist historisch verbürgt. Geboren 1672 in Colmar schrieb er eine Verteidigung des Selbstmords und ertränkte sich 1739 in der Weser.
36 Im Alten Testament gibt Abraham seine Frau für seine Schwester aus. Sie wird die Mätresse des Pharao. Isaak tut das gleiche mit Rebekka.
37 Justizbeamter mit Gerichtsbütteln.
38 Innerhalb des Franziskanerordens wurde heftig gestritten über die Form der Ärmel und der Kapuzen. Darüber mokiert sich Voltaire im dreizehnten der ›Lettres philosophiques‹ und im zweiten der ›Lettres d'Amabed‹.
39 Es ging das Gerücht um, daß ein Jesuit sich unter dem Namen Nikolaus I. zum König habe krönen lassen.
40 Eine Art Pike oder kurze Hellebarde, die zum Degen getragen wurde.
41 In der spanischen ›Geschichte der Inkas von Peru‹ (1704) von Garcilaso de La Vega, heißen sie Orejones. Wahrscheinlich trugen die Indios schwere Schmuckstücke in den Ohrläppchen und hatten deformierte Ohren.

42 Das jesuitische ›Journal de Trévoux‹ (1701–1775) begann Voltaire anzugreifen, als er sich 1750 den Enzyklopädisten zuwandte. Der korrekte Titel war ›Mémoires pour servir à l'histoire des sciences et des beaux arts‹.

43 Ironische Anspielung auf die gleiche These in Rousseaus ›Discours sur l'origine et les fondements de l'inégalité parmi les hommes‹ (1755).

44 Das heutige Französisch-Guayna. Seit 1604 abwechselnd im Besitz von Franzosen, Engländern (1654), Holländern (1676) blieb es seit 1677 bis heute im Besitz der Franzosen. Ab 1852 diente es als Deportationskolonie für Sträflinge.

45 Sir Walter Raleigh (1552–1618) unternahm in seinen letzten Lebensjahren eine Expedition nach Guayana (Cayenne), um Eldorado zu finden.

46 Die Darstellung des Sklaven, was Kleidung und Leibesstrafen angeht, findet sich im ›Code noir‹ aus der Regierungszeit Ludwig XIV. Voltaire überspitzt die Strafen, im Sinne seiner Kritik an der Neger-Sklaverei.

47 Sozinianer: Sekte von Anhängern des Lälius Socinus (geb. 1561) und seines Neffen Faustus Socinus (geb. 1604), die die Dreieinigkeit und die Göttlichkeit Christi als der Vernunft zuwiderlaufend verwarfen.

48 Anhänger des persischen Religionsstifters Mani (3. Jh. n. Chr.), nach dessen Lehre das Universum Schauplatz des Kampfes zweier gleicher und antagonistischer Prinzipien ist: Gut und Böse. Wobei das Böse hienieden herrscht. Als Manichäer ist Martin Pessimist und damit das Gegengewicht zum Optimismus Panglossens (und Candides).

49 Konvulsionisten, Anhänger der Jansenisten, die auf dem Grab des 1727 gestorbenen jansenistischen Diakons Pâris auf dem Friedhof Saint Médard in Krämpfe religiöser Verzückung verfielen. Dieses Fanatikerunwesen nahm solche Formen an, daß der Friedhof 1732 von den Behörden geschlossen werden mußte. Für Voltaire waren die Convulsionisten ein Beispiel des religiösen Fanatismus und Aberglaubens.

50 Es kann sich hier, außer um die Bibel, um die Werke verschiedener Naturhistoriker handeln wie Brosse oder Buffon, die die Theorie vertraten, das Meer habe einstmals die ganze Erdoberfläche bedeckt und auch die Gebirge hervorgebracht. Voltaire hat diese Theorie immer bekämpft.

51 Es kann Maupertius gemeint sein, Voltaires Berliner Erzfeind, Präsident der Akademie der Wissenschaften, der in seinem ›Essai de cosmologie‹ (1751) die Gesetze der Schöpfung glaubte erklären zu können mit der mathematischen Formel: Z gleich B mal C dividiert durch A plus B.
52 Der südliche Vorort Saint Marceau war notorisch schmutzig, verfallen und elend. Feststellungen darüber finden sich z.b. auch bei Louis Sébastien Mercier in ›Tableau de Paris‹.
53 Anspielung auf Konfessionsbriefe, eine Maßnahme gegen die Jansenisten, die der Klerus zwischen 1750 und 1760 verlangte, ausgestellt von nicht-jansenistischen Pfarrern (die zu den ›Unigenitisten‹ gehörten) zur Erlangung der Sterbesakramente und eines christlichen Begräbnisses.
54 Dem Autor wird damit unterstellt Anhänger von John Locke zu sein, der mit seinem Werk ›Essay concerning human understanding‹ (1690) der Begründer des psychologischen Empirismus wurde. Er wendet sich gegen die These Descartes' wonach dem menschlichen Geist bestimmte Grundsätze und Begriffe ›eingeboren‹ seien (ideae innatae), die er selbst aus den Empfindungen herleitet.
55 ›Le Comte d'Essex‹ (1678) von Thomas Corneille.
56 Adrienne Lecouvreur spielte 1717 die Rolle der Monime in ›Mithridate‹ von Racine. Sie starb ohne gebeichtet zu haben. Der Pfarrer von Saint Sulpice verweigerte ihr ein christliches Begräbnis.
57 Voltaire gebraucht im Text seine eigene Wortschöpfung »folliculaire«, das seither einen Journalisten ohne Talent und Skrupel bezeichnet.
Elie Fréron, der Herausgeber der ›Année littéraire‹. Er war Konservativer und Gegner der Aufklärer und insbesondere Voltaires.
58 Mademoiselle Clairon, eine berühmte Schauspielerin, die in den Tragödien Voltaires mitspielte.
59 Pharao, ein dem Baccara vergleichbares Spiel, das in den Salons sehr in Mode war und bei dem die Spieler vereint gegen den Bankhalter spielen (Pontieren). Ihre Verluste gehen in die Bank.
›Paroli‹ verdoppelt den Einsatz; ›Sieben-und-es-gilt‹ versiebenfacht den Einsatz.
Beim Ablegen der Karte markiert der Spieler sie durch ein Eselsohr, um anzuzeigen, daß sein Einsatz der Gewinn ist, der auf diese Karte fällt.
60 Parolignac ist einmal eine Anspielung auf die alte berühmte Adels-

familie Polignac, ein gascognischer Name. Die Gascogner galten als leichtfertige, großmäulige Schwindler und Betrüger. Zum anderen steckt in dem Namen der Begriff ›Paroli‹ aus dem Pharao-Spiel, als Hinweis auf die unseriöse Spielernatur der Dame.

61 Anspielung auf das anti-englische Vorurteil vom Phlegma der Engländer sowie von ihrem Reichtum.
62 Der Abbé Gauchat war ein Gegner der Aufklärer und Voltaires. Hier wird angespielt auf die 12 Bände seiner ›Lettres critiques...‹, in denen er das Christentum verteidigt.
63 Pontieren: Terminus technicus aus dem Pharaospiel; vgl. Anm. 59.
64 Der Abbé Trublet, ein Feind Voltaires und der Enzyklopädisten. Er hatte die ›Henriade‹ Voltaires kritisiert.
65 Molinisten: eine Bezeichnung für die Jesuiten, nach Molina, einem ihrer Theologen.
Parlamente waren die obersten Gerichtshöfe, die sich im 18. Jh. auf die Seite der Jansenisten gegen die Monarchie stellten.
66 Die Polizeioffiziere trugen zum Ausweis ihrer Hoheitsfunktionen einen Ebenholzstab mit Elfenbeinspitze.
67 Atrebatien: das Artois; aus Arras stammt Damien, der am 5. Januar 1757 aus angeblich religiösen Motiven ein Dolchattentat auf Ludwig XV. verübt hatte.
Die anderen Daten beziehen sich auf die Attentate auf Heinrich IV. von Jean Châtel, 1594, und Ravaillac, 1610, bei dem der König getötet wurde.
68 Barigello, Anführer der Häscher in Italien.
69 1763 verlor Frankreich durch diesen Krieg Kanada.
70 Der Admiral John Byng wurde am 14. März auf der Reede in Portsmouth füsiliert, weil er vor Menorca von den Franzosen geschlagen worden war. Auf Druck der öffentlichen Meinung war er zum Tode verurteilt worden. Man hatte ihm vorgeworfen mit seinem Schiff nicht am Kampf teilgenommen zu haben. Voltaire hatte in seinem Fall interveniert.
71 Ein im 16. Jh. gegründeter Reform- und Predigerorden, der sich besonders der Verehrung der Reinheit Mariae widmete. Er bestand überwiegend aus Söhnen adliger Familien, war also eine Schule für den höheren Klerus. Gerade ein Verteter eines Ordens der Erneuerung hat also eine Prostituierte bei sich.
72 Horaz, Oden, I: »Sublimi feriam sidera vertice«.
73 Gemeint sind die Dominikaner, der wichtigste Mönchsorden der Inquisition.

74 Achmet III. (1673-1736): türkischer Sultan von 1703 bis 1730. Er starb 1736 im alten Serail.

Iwan VI. Antonowitsch (1740-1764): bei seiner Geburt zum Zaren proklamiert, ein Jahr später abgesetzt und auf Befehl Katharinas II. 1764 ermordet.

Karl Eduard (1720-1788): Sohn des Stuarts Jakob III. und Enkel des vertriebenen Jakob III. Er versuchte mit einer Landung 1745 in Schottland, den englischen Thron zurückzuerobern, und wurde in der Schlacht von Culloden (1746) geschlagen.

König der Polacken: August III., Kurfürst von Sachsen (1696-1763), König von Polen von 1733-1763. 1756 zwang ihn Friedrich der Große mit militärischer Gewalt, Sachsen aufzugeben.

...auch König der Polacken: Stanislaus Leszczynski, 1704 zum polnischen König gewählt, nach wenigen Jahren von Peter dem Großen verjagt. 1738 erhält er von Ludwig XV., seinem Schwiegersohn, die Herzogtümer Bar und Lothringen. Er residierte in Nancy.

Theodor von Neuhoff, ein westfälischer Baron. Als Resident Karls VI. von Österreich in Neapel unterstützte er die Korsen bei ihrem Aufstand gegen Genua. Er wurde daraufhin zum König von Korsika gewählt, konnte sich aber nur wenige Monate behaupten und starb verarmt in London.

75 Franz II. Ragotski (1676-1735), führte einen Aufstand der Ungarn gegen den österreichischen Kaiser mit der Unterstützung Ludwigs XIV. und der Türken an. Nach seiner Niederlage flüchtete er sich zu den Türken.

76 Page des Sultans.

77 Der erfüllte Raum, immaterielle (beseelte) Substanz sind Begriffe Descartes' über die sich Voltaire in seinen ›Eléments de la philosophie de Newton‹ mokiert. Die prästabilierte Harmonie ist eine der bekanntesten Theorien Leibniz'.

NACHWORT

Candide
oder
die Desillusionierung

Als sich Voltaire 1755 bei Genf niederläßt, ist er 61 Jahre alt und für die europäische Öffentlichkeit die intellektuelle Großmacht der Meinungsbildung und Kritik. Sein unstetes Leben als Dichter und Philosoph im Wechsel zwischen Flucht vor Repressalien der Polizei, Exil und dem Leben an Fürstenhöfen scheint auf dem Landsitz »Les Délices« seinen Ruhe- und Drehpunkt gefunden zu haben. Hier habe er seinen »Palast eines Philosophen mit den Gärten Epikurs« gefunden, schreibt er 1755 an J.-R. Tronchin, den Bankier und Freund.
Als Bürger der Genfer Republik fühlt er sich einer Toleranz und Vernunftreligion nahe, die er in seinen ›Lettres philosophiques‹ an den englischen Quäkern so gelobt hatte. Von den Gebirgszügen der Alpen am Genfer See umgeben, glaubt er das Vorbild für Eldorado gefunden zu haben, das er in ›Candide‹ als ein nach Quäkervorstellungen geordnetes Utopia schildern wird.
1694 wurde Voltaire in Paris als François-Marie Arouet in einer großbürgerlichen Notarsfamilie geboren. Er erhielt eine klassische Schulausbildung am berühmten Jesuitenkolleg Louis-le-Grand, wo viele Aristokraten aus besten Familien seine Mitschüler waren, deren Freundschaft er sich bis ins Alter hinein erhielt. Schon als Schüler war er von seinem Paten, dem Abbé Châteauneuf, in die Gesellschaft des »Temple« eingeführt worden, einen Kreis illustrer Li-

bertins, Freidenker und Epikuräer. In dieser Welt findet der junge Arouet den Rahmen und die Resonanz für seine schon früh erwachten literarischen Begabungen und seinen Ehrgeiz.

Er frequentiert den Hof von Sceaux und wird bald für Spottgedichte auf den Regenten Philipp von Orléans aus Paris verbannt. Kaum in die Hauptstadt zurückgekehrt, muß er 1717 wegen neuerlicher Satiren auf die Person des Regenten für ein Jahr in die Bastille. Dort verfaßt er die ›Henriade‹, ein Epos auf Heinrich IV., der darin als das Idealbild eines toleranten, aufgeklärten Monarchen beschrieben wird. 1718 erlebt er die triumphale Aufführung seines Dramas ›Oedipe‹. Ab jetzt nennt er sich Voltaire und beginnt ein mondänes Literatenleben in den adligen Kreisen von Paris.

Ein Streit mit dem Chevalier de Rohan, der einer Familie von ältestem Adel entstammt, verändert 1726 sein ganzes Leben und beendet vorläufig seine Karriere als Dramenautor. Rohan läßt Voltaire von seinen Lakaien auf der Straße durchprügeln und erreicht, daß er erneut in die Bastille geworfen wird. Nach wenigen Wochen wieder entlassen, begibt sich Voltaire sofort ins Exil nach England, wo er zwei Jahre verbringen wird, die zu den entscheidenden seines Lebens gehören.

England war im 18. Jahrhundert zum Vorbild für bürgerliche Freiheiten, freien Austausch von Ideen und eine von Vorurteilen unbehinderte Entwicklung der Naturwissenschaften und des philosophischen Denkens geworden. Hier wird aus dem antiklerikalen Freidenker und Poeten der Aufklärer Voltaire.

Er wohnt im Hause eines reichen Quäkers, schließt Freundschaft mit Pope und Swift, macht sich mit der englischen Literatur vertraut, lernt den englischen Deismus kennen und studiert die freiheitliche englische Verfassung der konstitutionellen Monarchie.

Voltaire beschäftigt sich intensiv mit Naturwissenschaften, den Lehren Newtons und Lockes. Newton hatte mit der Beschreibung der Gravitationsgesetze ein kosmisches Grundgesetz formuliert, mit dem die Mechanik des Weltalls verstanden werden konnte, und Lockes Sensualismus ließ darauf hoffen, daß die menschliche Natur, d.h. die Mechanik ihres Denkens und Fühlens, auf Grundgesetze zurückführbar sei.

Lockes Grundannahme ist, daß unser Wissen aus der Erfahrung stammt, mithin Denken nicht nur Vernunfttätigkeit, sondern auch Sinneswahrnehmung und Betätigung der Einbildungskraft ist; damit stellt er den einzelnen Menschen mit seiner Vernunftnatur in den Vordergrund. Der empirische Weg der Erkenntnis führt also von der Natur des einzelnen zur Gesamtnatur. Auch in der Wissenschaft wird jetzt der Schluß vom Ganzen, vom System, auf das einzelne abgelehnt. Diese neue philosophische Grundhaltung ersetzt den alten »Systemgeist« (esprit de système) durch den systematisch forschenden Geist (esprit systématique).

Für Voltaire bedeutet das: kritische Vernunft, skeptische Grundhaltung und – als Basis der Erkenntnis – die Nachprüfbarkeit durch das Experiment gegen Aberglauben, Dogmen, Autoritäten und Denksysteme zu setzen. Der Grundgedanke der Aufklärung, ein auf selbständiger Urteilskraft beruhendes Denken, das ohne Bevormundung durch Autoritäten und Traditionen sich auf eigene Urteilskraft und kritische Vernunft stützt, ist damit zu Voltaires Bestimmung als politischer und philosophischer Autor geworden.

Nach seiner Rückkehr aus England veröffentlicht er 1734

seine ›Lettres philosophiques‹, mit denen er zum Verbreiter der Ideen Newtons und Lockes in Frankreich wird. Bei Kirche, Parlament und Regierung lösen die Briefe mit ihrer nur schlecht verdeckten Kritik an den Zuständen seines Landes einen Skandal aus; angegriffen werden die Intoleranz und der Fanatismus der Kirche, das autoritäre Gesellschaftssystem einer absoluten Monarchie, die immer noch vorherrschende Beschränkung auf den cartesianischen Rationalismus in den Wissenschaften und das Fehlen aller ökonomischen Freiheiten durch Colberts Wirtschaftssystem. Voltaire kann sich einer Verhaftung nur durch die Flucht entziehen. Er begibt sich nach Cirey in Lothringen, auf das Schloß von Madame du Châtelet.

Sechzehn Jahre lang wird er hier seinen Aufenthaltsort haben in einer Lebensgemeinschaft mit Emilie de Breteuil, Marquise du Châtelet, einer hochgebildeten Aristokratin, Anhängerin von Newton, dessen Schriften sie ins Französische übersetzt, und von Lockes und Leibniz' Philosophie. Voltaire verbringt in Cirey eine höchst fruchtbare Zeit. Neben naturwissenschaftlichen Experimenten arbeitet er an seinem ›Siècle de Louis XIV.‹ und verfaßt auf Anregung von Madame du Chatelêt die ›Éléments de la philosophie de Newton‹, die als Popularisierung der Gedanken Newtons einen enormen Erfolg haben. Sein literarischer Ruf, die Verfolgungen, denen er ausgesetzt ist und nicht zuletzt das europaweite Netz von Freunden und Korrespondenten, das sich um ihn bildet, machen ihn zu einer Schlüsselfigur der Aufklärungsbewegung.

Seit 1736 korrespondiert Friedrich, der spätere König von Preußen, mit Voltaire und betrachtet sich als seinen Schüler. 1740 kommt es zu ihrer ersten Begegnung. Friedrich hatte bereits sehr früh die Absicht geäußert, Voltaire an den preußischen Hof nach Berlin zu holen, wo er sich nach der

Thronbesteigung mit berühmten Franzosen umgeben hatte. Zur Tafelrunde gehörten unter anderen Maupertius, La Mettrie und d'Argens.

Als Madame du Châtelet 1749 nach einer Liaison mit dem Dichter Saint-Lambert im Kindbett stirbt und Voltaire, nachdem er während eines kurzen Zwischenspiels bei Hofe in den Jahren 1745-46 in den Adelsstand erhoben und in die Académie Française aufgenommen worden war, in Paris wieder einmal nicht mehr wohlgelitten ist, begibt er sich 1750 zu Friedrich nach Potsdam, wo er der Mittelpunkt der berühmten Tafelrunde wird.

Nach drei Jahren kommt es wegen einer Satire Voltaires gegen Maupertius, den Präsidenten der Akademie der Wissenschaften in Berlin und Friedrichs Protegé, zu Mißhelligkeiten. Gleichzeitig war Voltaire auch in anrüchige Finanzspekulationen verwickelt. Er reist ab und wird dann unter demütigenden Umständen in Frankfurt am Main von Häschern Friedrichs verhaftet, die bei ihm Gedichte suchen, die er dem König entwendet haben soll, was zum endgültigen Bruch führt.

Es folgen Aufenthalte im Rheinland, dann 1754 im Elsaß. Voltaire hofft vergeblich auf eine Rückkehr nach Paris, die ihm auf Anordnung des französischen Monarchen untersagt bleibt. Des Umherziehens und der ständigen Abhängigkeiten müde, beschließt er 1755 endlich, sich am Genfer See niederzulassen.

Hier erreicht ihn im November 1755 die Nachricht vom Erdbeben in Lissabon. Die Wirkung dieser Naturkatastrophe auf das öffentliche Bewußtsein Europas war ungeheuerlich. Dieses Jahrhundert, das gerade im Begriff gewesen war, Zutrauen zu fassen in die menschliche Vernunft, ihre Leistungsfähigkeit, in dem die rasche Entwicklung der Naturwissenschaften die Natur und den Menschen berechenbar zu machen versprachen, wo durch die bürgerlichen Freiheiten in den Niederlanden und in England der freie Austausch der Ideen den Handel förderte und zu einem gesicherten Wohlstand geführt hatte, fand sich plötzlich seiner Zuversicht beraubt. Aberglaube, Sektierertum und Religionskriege, all die finsteren Mächte des 17. Jahrhunderts schienen überwunden. Die Philosophie hatte sich durch Newtons Beweisführung der kopernikanischen Theorien gerade von der Bevormundung durch die Theologie befreit. Da wurde das Vertrauen in eine sinnvolle Ordnung der Welt erschüttert, da schwand der Glaube an eine zuverlässig planbare Zukunft.

Voltaire reagiert auf die Nachricht mit seinem ›Poème sur le désastre de Lisbonne ou examen de cet axiome: Tout est bien‹. Sein aufklärerischer Optimismus hat einen Stoß erhalten. Das auf Newton zurückgehende neue Verständnis der Welt, sein deistischer Glaube an einen vollkommenen und allgütigen Gott und vor allem der Optimismus Popes und Leibniz' stehen in Frage angesichts eines plötzlich zutage getretenen Mißverhältnisses: zwischen der Deutung der Welt als beste aller möglichen Welten, wie Leibniz sie in seinen ›Essais de Théodicée‹ (1710) aus Vernunftgründen herleitete, samt ihrer Rechtfertigung, wie Pope sie behauptete (»Whatever is, is right«), und dem Schicksal der Menschen, die in ihr leben.

»C'est là ce que m'apprend la voix de la nature.
J'abandonne Platon, je rejette Epicure.
Bayle en sait plus qu'eux tous; je vais le consulter:
La balance à la main, Bayle enseigne à douter,
Assez sage, assez grand pour être sans système,
Il les a tous détruits, et se combat lui-même;
(...) *Un jour tout sera bien, voilà notre espérance;
Tout est bien aujourd'hui, voilà l'illusion.*«

(Dies lehrt mich die Stimme der Natur./ Plato gebe ich auf, Epikur lasse ich nicht gelten./ Bayle weiß davon mehr als sie alle; ihn werde ich befragen:/ Die Waage in der Hand, lehrt er zu zweifeln/ Weise genug, groß genug, um kein System zu haben,/ Hat er sie alle vernichtet und streitet mit sich selbst; (...) *Eines Tages wird alles gut sein, das ist die Hoffnung. / Heute ist alles gut, das ist die Illusion.*)
Als versöhnliche Synthese sind die beiden letzten Zeilen zu verstehen, die er in seinem eigenen Exemplar jedoch korrigiert hatte in: »Un jour tout ira bien, quelle frêle espérance!« (Eines Tages wird alles gut sein, welch schwache Hoffnung!)
Seine Rettung in einer anderen Lehre, einem »System«, zu suchen hilft nicht. Man muß die Sicht auf die Dinge ändern. Und er wendet sich Bayle zu, dem Skeptiker, dessen ›Dictionnaire historique et critique‹ (1697) die Bibel der Aufklärer geworden war. Bayle hatte das menschliche Selbstvertrauen ins Wanken gebracht und die Existenz des Übels in der Welt beklemmend deutlich gemacht.
»L'histoire n'est à proprement parler qu'un receuil des crimes et des infortunes du genre humain« (Die Geschichte ist strenggenommen nur eine Ansammlung von Verbrechen und Mißgeschicken der Menschheit) und »L'homme est méchant et malheureux... les voyages sont des leçons perpétuelles là-dessus: ils font voir partout les monuments du malheur et de la méchanceté des hommes...« (Der Mensch ist böse und unglücklich ... die Reisen sind ständige Lehrstücke darüber: überall sieht man Monumente des Unglücks und der Bösartigkeit der Menschen ...) (›Dictionnaire‹, Artikel Manichäer). Diese Gedanken werden in ›Candide‹ ihre Illustrierung erfahren.
Voltaire war während seines Englandaufenthalts vor allem über Pope und sein Lehrgedicht ›An Essay on Man‹

(1733/34) zum sogenannten philosophischen Optimismus gekommen. Die auf Newton zurückgehende Vorstellung von Gott als dem Uhrmacher, der die Welt wie ein Uhrwerk erschaffen und sich dann von ihr zurückgezogen hat, verbindet sich mit Popes Metapher von ›The Great Chain of Being‹, in der der Mensch nur ein Glied ist und seinen festen Platz hat. Die Übel dieser Welt fügen sich in die Gesamtharmonie dieser Ordnung ein. Sie sind nur in unseren Augen Übel, und nur die beschränkte Erkenntnisfähigkeit des Menschen verhindert seine Einsicht, daß die Welt doch leidlich gut geordnet ist. Noch 1747 in ›Zadig‹ hat Voltaire an dieser Vorstellung als einem Grundsatz der Vernunftreligion Deismus festgehalten.
Heißt es im ›Poème‹ dann: »La nature est muette, on l'interroge en vain, / (...) le livre du sort se ferme à notre vue.« (Die Natur ist stumm, man befragt sie vergeblich, (...) Das Buch des Schicksals verschließt sich unserem Blick), so war Voltaires gemäßigt optimistische Haltung bis zu diesem Zeitpunkt gewesen, die Welt sei nicht so schlecht, daß sie nicht noch schlechter sein könnte.
Auf die im ›Poème sur le désastre de Lisbonne‹ aufgeworfene grundsätzliche Frage nach dem Übel in der Welt und einem allgütigen Gott, der sie geschaffen habe und dennoch alle Übel über seine Geschöpfe ausgieße, antwortet umgehend Rousseau, Voltaires großer Widersacher, 1756 in einem Brief (›Lettre sur la Providence‹):
»Cet optimisme que vous trouvez si cruel, me console pourtant dans les mêmes douleurs que vous me peignez comme insupportables ... au lieu de Tout est bien il vaudroit peut être mieux dire: Le tout est bien ou Tout est bien pour le tout.« (Dieser Optimismus, den Sie so grausam finden, tröstet mich indessen in meinen Leiden, die Sie mir als unerträglich ausmalen ... anstatt Alles ist gut sollte es viel-

leicht besser heißen Das Ganze ist gut oder alles ist gut für das Ganze.)
Wäre dies nicht der Fall, müßte man die Vorsehung leugnen und damit die Existenz Gottes. Voltaire antwortet auf diesen Brief nicht direkt und nicht sofort, aber Rousseau wird später in seinen ›Confessions‹ behaupten, die eigentliche Antwort auf seine ›Lettre sur la Providence‹ sei ›Candide‹.
Im Jahre 1756 dann – Voltaire veröffentlicht seinen ›Essai sur les mœurs‹, in dem zum ersten Mal Geschichte als Kulturgeschichte begriffen und beschrieben wird, und arbeitet aktiv an der ›Encyclopédie‹ mit – bricht der Siebenjährige Krieg aus, der für das 18. Jahrhundert ein Weltkrieg ist. Ganz Europa wird in die Kriegshandlungen mit hineingezogen, Indien, Nordamerika, Kanada und die Antillen werden zu Kriegsschauplätzen.
In den katholischen Ländern herrscht die Willkür der Inquisition, in Paris, wo der religiöse Grabenkampf gegen die Jansenisten tobt, vereinigen sich aber die Regierung, das jansenistisch beherrschte Parlament und alle antiphilosophisch gesinnten Kräfte in der Kampagne gegen die »Cacouacs«, eine pejorative Bezeichnung (griech. kakós – übel, schlecht) für die Enzyklopädisten, und 1759 wird die ›Encyclopédie‹ verboten; mit der Verdammung durch den Papst scheint das Unternehmen schließlich gescheitert zu sein.
Wegen seiner Mitarbeit wird Voltaire von den calvinistischen Genfer Pastoren, die nicht gezögert hatten, gegen den Artikel ›Genf‹ in der ›Encyclopédie‹ in Paris offizielle Beschwerde einzulegen, verdächtigt und angefeindet. Voltaire erwirbt das jenseits der Schweizer Grenze gelegene Schloß Ferney, wo er sich 1760 niederläßt.
Der Optimismus Leibniz' und Popes ist für ihn ein Ärger-

nis geworden. Er schreibt an Elias Bertrand, den Hauptpastor der Kirche von Bern:
»Le mal est sur la terre, et c'est se moquer de moi que de dire que mille infortunés composent le bonheur. Oui, il y a du mal, et peu d'hommes voudraient recommencer leur carrière, peut-être pas un sur cent mille ... L'optimisme est désespérant. C'est une philosophie cruelle sous un nom consolant.«
(Das Übel ist in der Welt, und es hieße meiner spotten, wenn man sagte, tausend Unglückliche bilden zusammen das Glück. Ja, es gibt das Übel, und wenig Menschen würden ihren Lebenslauf erneut beginnen wollen, wohl kaum einer auf hunderttausend... Der Optimismus ist trostlos. Er ist eine grausame Philosophie unter einem tröstlichen Namen.)
Die Antwort Voltaires ist ›Candide‹.

> *Est-ce qu'il riait, lui? Il grinçait!*
> *(Und er, lachte er? Er knirschte mit den Zähnen!)*
> Flaubert in einem Brief an Madame des Genettes
> über Voltaire und seinen ›Candide‹

Im Januar 1759 erscheint ›Candide‹ in Genf im Druck, und am 2. März ordnet der Rat von Genf die Vernichtung des Werkes an. In Paris wird ›Candide‹ auf eine schwarze Liste gesetzt und ebenfalls verboten. 1762 wird er in Rom auf den Index gesetzt. Die überaus schnelle Verbreitung des Werkes in ganz Europa war damit aber nicht aufzuhalten. Überall wurde es nachgedruckt, und allein 1759 sollen schätzungsweise 20000 Exemplare, eine für das Jahrhundert immense Zahl, verkauft worden sein. Das Werk erlebte schon im Jahr seiner Veröffentlichung dreizehn Neuauflagen.
Voltaire hatte die Verfasserschaft zwar geleugnet, aber die

europäische Öffentlichkeit ließ sich nicht täuschen. Die Maskerade mit dem angeblichen Verfasser Dr. Ralph war indessen ein Gebot der Vorsicht, denn noch 1707 war in Paris ein Edikt erlassen worden, das einen Autor, der mit einem Werk gegen die Religion und die öffentliche Ruhe und Sicherheit anschrieb, mit der Todesstrafe oder der Galeere bedrohte.

›Candide‹ ist unter den zweiundzwanzig Romanen, die Voltaire zwischen seinem fünfzigsten und achtzigsten Lebensjahr verfaßt hat, das Werk, das seinen Weltruhm begründete und das vom 18. Jahrhundert an bis heute gelesen wird.

Mit ihm hat Voltaire das literarische Genre des ›Conte philosophique‹, des philosophischen Märchens, zur Meisterschaft geführt. Er benutzt die traditionellen Vorgehensweisen und Abläufe des Abenteuerromans und des empfindsamen Romans zur Parodie der Gattungen. Durch eine unerhörte Fülle von Katastrophen, Trennungen, Wiedervereinigungen und die Rückkehr Totgeglaubter sowie durch die Verkehrung der Dreieinigkeit von Schönheit, Tugend und Treue in ihr Gegenteil, die am Ende des Romans bei der Vereinigung der beiden Liebenden sinnfällig wird, hebt er die Erzählung ins Märchenhaft-Absurde. Damit werden aber auch die realistischen Versatzstücke – Erdbeben, Kriege, Pest, Piraten, Sklaverei, Vergewaltigungen, Verstümmelungen, Mord, Kannibalismus usw. – durch Voltaires unerhörtes Erzähltempo und seine Kunst der Verknappung für die Vorstellung des Lesers erst erträglich gemacht. »Er ist«, sagt Hugo Friedrich, »unvergleichlich in der Kunst, gerade den bösesten Weltstoff in ein Märchen zu verwandeln.« (Hugo Friedrich, Voltaire und seine Romane, Aufsätze 1, Frankfurt am Main, 1972.)

Die endlose Folge von Übeln, Lastern, Bösartigkeiten, Verrücktheiten und Grausamkeiten, die ohne erkennbaren Zusammenhang mit den Personen, ihren Handlungen oder Eigenschaften sich nach dem Zufallsprinzip einstellen, mündet in die Burleske. Dem ordnen sich auch die Personen des Romans unter. In der kommentierenden Literatur hat es sich eingebürgert, von Marionetten zu sprechen, die letztlich Voltaire lediglich zu Demonstrationszwecken dienen. Ihre Erlebnisse sind eigentlich nur spannend durch die Betrachtungen, die daraus abgeleitet werden, oder Gemeinplätze, die Belustigung hervorrufen. Der Leser hört nicht mehr das »Zähneknirschen«, sondern wird von dem Witz, der Ironie und stilistischen Eleganz Voltaires zu einem heiteren Lachen verführt.

Der parodistischen Verknappung entspricht auch die Behandlung der philosophischen Kritik. Das Theoriegebäude des Optimismus wird nicht durch Argumente, sondern durch die Zusammenstöße mit den Fakten ins Wanken gebracht. So wie Voltaire in der Erzählung die Fakten (Zufälle, Katastrophen) aus einem kausalen Zusammenhang herausnimmt und isoliert vorführt, geht er auch beim Angriff gegen die philosophische Doktrin des Optimismus vor. Aus einer Kausalkette werden Begriffe wie »prästabilierte Harmonie«, »der hinreichende Grund«, »keine Wirkung ohne Ursache«, »die beste aller möglichen Welten« herausgelöst und dem Pedanten und Systemdenker Pangloß in den Mund gelegt. Eine Sintflut von Katastrophen bricht über Pangloß herein, und jedesmal, wenn er die Bestätigung seines Optimismus sieht, zeigt Voltaire den Zufall, die Beliebigkeit, das Fehlen der Kausalität der Vorsehung. Er treibt die Beziehung von Ursache und Wirkung in ›Candide‹ ins Absurde.

Ein herausragendes Beispiel dafür ist das dritte Kapitel (Schlacht zwischen den Abaren und Bulgaren), das in funkelnder Ironie und schneidendem Sarkasmus die Zufälligkeit, Beliebigkeit und Willkür dieses Ereignisses vorführt. Weder gibt es einen Grund für den Krieg, noch kennt man die Absicht, die damit verbunden ist, oder die Kriegführenden; auch gibt es keinen Sieger, aber beide Seiten danken Gott und singen nach dem Massaker an ihresgleichen das Te Deum, so als habe dieses sinnlose Ereignis seinen festen Platz im Plan der Vorsehung.

In den Lehrreden des Pangloß geht Voltaire auf die behauptete Logik der Vorsehung sein, um sie besser diskreditieren zu können, und zwar bis zu einem Punkt, an dem einzig den Übeln ein Realitätsgehalt zukommt, während die Glücksfälle reduziert erscheinen auf willkürliche, märchenhafte Erfindungen in einem Roman. Die metaphysischen Rationalisierungen der besten aller Welten, in der z. B. das Unglück des einzelnen dem Glück und der Harmonie des Gesamten diene, sind am Ende nur noch lächerlich.

Das Agens des Romans besteht darin, daß Candide seine Unschuld und den Glauben an seinen Lehrer Pangloß und an seine Geliebte Kunigunde verlieren muß.

Candide wird aus dem Paradies Thunder-ten-tronckh vertrieben und zum Probierstein für die These von der besten aller Welten. In der stufenweisen Annäherung an Eldorado, das zweite Paradies, erlebt er zunächst den politisch-religiösen Jesuitenstaat als theokratische Diktatur, dann das Land der Henkelohren als paradiesisches Reich zoophiler, infantiler Kannibalen – womit im Vorübergehen ein schneller Seitenhieb gegen Rousseaus Vorstellung von der »reinen Natur« verbunden ist –, um schließlich nach Eldorado, in das Paradies des Deismus und an den einzig denkbaren Ort zu gelangen, an dem sich die beste aller Welten studieren läßt. Der einzige Mangel dieses idealen Ortes ist dabei nur, daß er nicht existiert.

Nach der Eldorado-Episode verändert sich die Fragestellung Candides nach der besten aller möglichen Welten hin zur Frage, ob es glückliche Menschen gibt. Bis zum letzten Paradies, seinem Garten am Bosporus, wird die Geschichte um die Antwort auf diese Frage kreisen.
Gibt es nach der Abwendung von der obsoleten Optimismusvorstellung des Pangloß, von der Euphorie des Systems und der verlockenden pessimistischen Sicht des Manichäers Martin eine Lösung? Beider Denksysteme führen in einen Zustand der passiven Untätigkeit, in der die Welt, unveränderlich wie sie ist, nur noch kontempliert werden kann.
»Wir müssen unseren Garten bestellen« ist keine Lösung im Sinne der beiden anderen. Es ist ein Angebot in der Hinwendung zu produktiver Arbeit und Selbstbescheidung, um Schlimmerem zu entgehen. Denn ohne eine universale Ordnung, eine leitende Vernunft sind alle den »Zuckungen der Ruhelosigkeit« und »der Trägheit der Langeweile« ausgesetzt. Daher gibt Martin die Richtung auf eine Lösung hin an, wenn er sagt: »Wir wollen arbeiten ohne zu philosophieren, das ist das einzige Mittel, das Leben erträglich zu machen.«
Voltaire liefert mit ›Candide‹ keine Lösung, er war, wie Hugo Friedrich (a.a.O.) sagt, »nicht eigentlich ein Revolutionär. Er war zu klug, um anzunehmen, daß das Verhältnis zwischen Glück und Unglück, zwischen Vernunft und Unsinn sich wesentlich ändern könnte, solange es Menschen gibt. Er begnügte sich damit, auf die ärgsten Dummheiten aufmerksam zu machen, damit sie an dem einzigen Gift sterben, auf das sie reagieren, an der Lächerlichkeit. Man kann nur sagen: bewundernswertes Jahrhundert, in dem der Kampf gegen die Dummheit als ein Schauspiel für alle, von allen begehrt, mit den Waffen des Witzes geführt werden konnte.«